Auxiliando a humanidade a encontrar a Verdade

A Clarividência

A Clarividência

Clairvoyance (1899)

C. W. Leadbeater

CONHECIMENTO EDITORIAL LTDA.
Rua Prof. Paulo Chaves, 276 - Vila Teixeira Marques
CEP 13480-970 – Limeira – SP
Fone/Fax: 19 3451-5440
www.edconhecimento.com.br
vendas@edconhecimento.com.br

Tradução: Fernando Pessoa
Revisão: Sueli Araújo e Mariléa de Castro
Projeto gráfico: Sérgio Carvalho
Ilustração da capa: Banco de imagens

ISBN 978-85-7618-275-7
1ª Edição – 2016

• Impresso no Brasil • Presita en Brazilo

Produzido no departamento gráfico da
CONHECIMENTO EDITORIAL LTDA
conhecimento@edconhecimento.com.br

Dados Internacionais de Catalogação na Publicação (CIP)
Angélica Ilacqua CRB-8/7057

Leadbeater, C. W. (Charles Webster), 1847-1934
A Clarividência / C. W. Leadbeater ; tradução de Fernando Pessoa. – Limeira, SP : Editora do Conhecimento, 2012.
140 p.

ISBN 978-85-7618-275-7
Título original: *Clairvoyance (1899)*

1. Clarividência 2. Teosofia I. Título II. Pessoa, Fernando

16-1379 CDD – 133.84

Índices para catálogo sistemático:
1. Clarividência

C. W. Leadbeater

A Clarividência

Tradução de Fernando Pessoa

1ª edição
2012

SUMÁRIO

1. O que é a clarividência 7
2. Clarividência simples: completa 22
3. Clarividência simples: parcial 36
4. Clarividência no espaço: intencional 41
6. Clarividência no espaço: não intencional 60
7. Clarividência no tempo: o passado 66
8. Clarividência no tempo: o futuro 89
9. Métodos de desenvolvimento 109

1. O QUE É A CLARIVIDÊNCIA

Literalmente, clarividência quer dizer "ver claro", e é uma palavra que tem sido degradada ao ponto de a aplicarem para descrever as artimanhas de um charlatão em um teatro de variedades. Mesmo em seu sentido mais restrito, abrange um grande número de fenômenos, tão divergentes em suas características que não é fácil dar uma definição do termo que seja ao mesmo tempo concisa e justa. Tem sido chamada de "visão espiritual", mas não se pode conceber tradução mais errônea, porque, na maioria dos casos, não está ligada a ela faculdade alguma que de longe mereça que a honrem com um nome tão elevado.

Para os fins deste tratado poderemos, talvez, defini-la como sendo o poder de ver o que está oculto à visão física normal. Será bom explicar, também, que ela é frequentemente (se bem que não sempre) acompanhada por aquilo a que se chama "clariaudição", ou seja, o poder de ouvir aquilo que o ouvido físico normal não pode abranger; tornaremos o termo, que constitui o título deste livro, extensivo também a essa faculdade, para que evitemos constantemente empregar duas palavras onde só uma é suficiente.

Antes de entrar propriamente no assunto, desejo esclarecer dois pontos. Em primeiro lugar, não destino estas páginas àqueles que não acreditam que haja clarividência nem busco nelas convencer os que estejam em dúvida sobre o assunto. Em tão pequeno trabalho, não disponho do espaço para fazê-lo. Esses indivíduos deverão estudar os muitos livros que registram listas de casos destes, ou fazer, eles próprios, experiências seguindo uma orientação mesmérica. Escrevo para os mais cultos, que sabem que a clarividência existe e que sentem, pelo assunto, interesse suficiente para que desejem ser informados sobre seus métodos e possibilidades. A estes quero assegurar que o que aqui exponho é o resultado de muitos anos de estudo e de experimentação cuidadosa, e que, enquanto alguns dos poderes que descreverei lhes possam parecer novos e espantosos, não me refiro a nenhum de que não tenha visto casos.

Em segundo lugar, ainda que procure evitar, tanto quanto seja possível, o uso de uma linguagem técnica, permita-me de vez em quando, visto que estou escrevendo para estudiosos da Teosofia, usar, para ser breve e sem me demorar em explicações, a vulgar terminologia teosófica que posso confiadamente supor que eles conheçam.

Se este livro for ter às mãos de alguém para quem o emprego ocasional desses termos constitua dificuldade, só posso pedir-lhe que me releve e citar-lhe, para que nela busque essas explicações preliminares, qualquer obra teosófica elementar, como, por exemplo, *A Sabedoria Antiga* ou *O Homem e os seus Corpos*, de Annie Besant. A verdade é que o sistema teosófico é a tal ponto coerente, as suas partes componentes estão em interdependência tal, que dar explicação plena de cada termo empregado implicaria escrever um tratado completo da Teosofia como prefácio mesmo a este breve estudo sobre clarividência.

Antes, porém, que se possa utilmente tentar uma explicação detalhada da clarividência, será necessário que gastemos algum tempo em algumas considerações preliminares, para que nitidamente tenhamos presentes alguns fatos gerais sobre os diferentes planos em que se pode exercer a visão clarividente e as condições que tornam possível esse exercício.

Constantemente, é-nos garantido nos livros teosóficos que essas faculdades superiores brevemente terão de ser herança da humanidade em geral, que a capacidade clarividente, por exemplo, existe latente em cada indivíduo, e que aqueles em quem ela já se manifesta apenas estão, nesse sentido, um pouco mais avançados do que os outros homens. Ora, essa declaração é verdadeira, contudo, parece absolutamente vaga e irreal à maioria das pessoas, simplesmente porque consideram tal faculdade como uma coisa absolutamente diferente de tudo quanto tem tido experiência e, confiadamente, creem que eles, pelo menos, serão inteiramente incapazes de desenvolvê-la em si.

Talvez tenda a desvanecer essa impressão de irrealidade se nos esforçarmos por compreender que a clarividência, como outras muitas coisas da natureza, é sobretudo uma questão de vibrações, e não passa, de resto, de uma extensão dos poderes que todos os dias empregamos. Vivemos sempre cercados por um vasto mar de éter e de ar, aquele interpenetrando este, como, aliás, toda a matéria física; e é principalmente por vibrações nesse grande mar de matéria que nos chegam as impressões do exterior. Isso sabemos todos, mas talvez a muitos de nós nunca tenha ocorrido que o número dessas vibrações a que podemos responder é, na verdade, pequeníssimo.

Entre as vibrações excessivamente rápidas que afetam o éter, há certa pequena seção – uma seção pequeníssima –, que pode afetar a retina humana, e esse gênero de vibrações produz em nós a sensação a que chamamos luz. Isto é, podemos ver só aqueles objetos de onde pode sair ou ser refletido esse gênero de luz.

De modo inteiramente análogo, o tímpano do ouvido humano é capaz de responder a certo número pequeníssimo de vibrações relativamente lentas, suficientemente lentas para que afetem o ar que nos cerca; e, assim, os únicos sons que podemos ouvir são aqueles que são produzidos por objetos que vibram em um grau dentro da gama dessas vibrações.

Em ambos os casos, sabe a ciência perfeitamente que há grande número de vibrações tanto acima como abaixo dessas duas seções, e que, portanto, há muita luz que não podemos ver e muitos sons a que os nossos ouvidos são surdos. No caso da luz, a ação dessas vibrações superiores e inferiores é fácil de perceber nos efeitos produzidos pelos raios actínicos em uma extremidade do espectro e pelos raios do calor na outra extremidade.

O fato é que existem vibrações de todos os graus concebíveis de rapidez, enchendo todo o vasto campo que medeia entre as lentas ondas do som e as rápidas ondas da luz; nem é isso tudo, pois que há, sem dúvida, vibrações mais lentas do que as do som e uma infinidade delas mais rápidas do que aquelas que conhecemos sob a forma de luz. E assim começamos a compreender que as vibrações pelas quais vemos e ouvimos são apenas como que dois pequenos grupos de poucas cordas em uma harpa enorme de extensão praticamente infinita, e quando refletimos em quanto nos tem sido possível aprender e deduzir do uso desses pequenos fragmentos, entrevemos vagamente que possibilidades podiam revelar-se-nos se pudéssemos utilizar o todo vasto e maravilhoso.

Outro fato, que tem de ser considerado em relação a este, é que diferentes indivíduos variam consideravelmente, se bem que dentro de limites relativamente pequenos, na capacidade que têm de responder mesmo às pouquíssimas vibrações que estão ao alcance de nossos sentidos físicos. Não me refiro à agudeza de vista ou de ouvido que torna possível a um indivíduo ver um objeto mais indeciso ou ouvido um som mais tênue do que outro indivíduo; não se trata, de modo algum, de uma questão de força de vista, mas sim de extensão de suscetibilidade.

Por exemplo: se se pegar em um bom prisma de bissulfito de carbono e com ele se lançar um espectro nítido sobre uma folha de papel branco, levando depois várias pessoas a marcar no papel os limites extremos do espectro, tal qual o veem, verifica-se, quase sempre, que o poder de visão dessas pessoas varia consideravelmente de uma para outra. Algumas verão o violeta estender-se muito mais longe do que outras; outras haverá que, vendo muito menos do violeta do que a maioria, terão, porém, visão maior do vermelho. Algumas haverá, talvez, que possam ver mais do que as outras em ambas as extremidades, e estas serão quase infalivelmente aquilo a que chamamos gente sensível, suscetíveis de alcance maior de visão do que a maioria das pessoas hoje em dia.

Na audição, a mesma divergência se poderá demonstrar com qualquer som, que, sendo muito tênue, não esteja porém fora do alcance do ouvido; um som, por assim dizer, na fronteira da audibilidade, e ver quantas pessoas, entre várias, conseguem ouvi-lo . O guincho de um morcego é bom exemplo de um som destes. A experiência mostrará que, em uma noite de verão, quando o ar está cheio de guinchos agudos como agulhas desses animaizinhos, muita gente não terá consciência deles, pois incapaz de ouvi-los.

Ora, esses exemplos mostram claramente que não há limite

definido para o poder que o homem tem de responder às vibrações etéricas ou atmosféricas, mas que há alguns de nós que têm esse poder mais desenvolvido do que outros; verifica-se, até, que no mesmo indivíduo essa capacidade varia de uma ocasião para outra. Não é, pois, difícil imaginarmos que um indivíduo possa desenvolver esse poder de modo a conseguir ver muita coisa que é invisivel aos seus semelhantes, muitas coisas que eles não podem ouvir, e visto que sabemos que existe um número enorme dessas vibrações adicionais, que apenas como que esperam ser conhecidas.

As experiências feitas com os raios roentgen nos dão um exemplo dos resultados espantosos que se produzem quando mesmo poucas dessas vibrações adicionais são trazidas para o alcance do conhecimento humano, e a transparência a esses raios, de muitas substâncias até aqui tidas por opacas, imediatamente nos mostra pelo menos a maneira em que se pode explicar tais fenômenos de clarividência elementar, como seja ler uma carta fechada em uma caixa ou descrever as pessoas que estão em uma sala contígua. Aprender a ver pelos raios roentgen, além de pelos vulgarmente empregados, seria bastante para tornar qualquer indivíduo capaz de executar um ato mágico dessa natureza.

Até aqui temos considerado apenas uma extensão maior dos sentidos físicos do homem; e, quando refletimos que o corpo etérico de um indivíduo é na realidade apenas a parte mais tênua de seu corpo físico, e que, portanto, todos os órgãos dos seus sentidos contêm grande parte de matéria etérica em vários graus de densidade, a capacidade da qual está ainda apenas latente na maioria de nós, compreendemos que, mesmo nos limitando a essa linha de desenvolvimento, há já enormes possibilidades de todas as espécies abrindo-se diante de nós.

Mas, além e acima disso, sabemos que o homem tem um corpo astral e um corpo mental; cada um dos quais pode, com o tempo, ser acordado para a atividade e, por sua vez, responder às vibrações da matéria de seu plano, assim abrindo ao Eu, à medida que ele aprende a funcionar através desses instrumentos, dois mundos inteiramente novos e imensamente maiores de conhecimento e de poder. Ora, esses novos mundos, se bem que nos cerquem e uns aos outros se interpenetrem, não devem ser considerados como distintos e inteiramente desligados quanto à sua substância, mas antes como fundindo-se uns nos outros, o astral inferior formando uma série direta com o físico superior, assim como o mental inferior, por sua vez, forma uma série direta com o astral superior. Não nos é exigido, ao pensarmos neles, que imaginemos qualquer nova e estranha espécie de matéria, mas simplesmente que consideremos a vulgar matéria física como tão tenuamente subdividida e vibrando com rapidez tão superior que nos revela condições e qualidades que se podem dizer inteiramente novas.

Não nos é, pois, difícil compreender a possibilidade de um alargamento regular e progressivo dos nossos sentidos, de modo que, tanto pela vista como pelo ouvido, possamos apreciar as vibrações muito superiores e muito inferiores àquelas que são vulgarmente conhecidas. Uma grande seção dessas vibrações adicionais pertencerá ainda ao plano físico, e apenas nos tornará possível obter impressões da parte etérica desse plano, que atualmente é para nós um livro fechado. Essas impressões serão ainda obtidas pela retina; afetarão, é claro, a sua matéria etérica, e não a sólida, mas podemos, ainda assim, considerá-las como agindo apenas sobre o órgão especializado para as receber e não sobre a superfície total do corpo etérico.

Há, porém, alguns casos anormais, em que outras partes do corpo etérico respondem a essas vibrações adicionais tão ou mesmo mais prontamente do que os olhos. Essas anormalidades são explicáveis de diversas maneiras, mas, sobretudo, como efeitos de qualquer parcial desenvolvimento astral, pois que se verificará que as partes sensíveis do corpo quase que invariavelmente correspondem a um ou outro dos chacras ou centros de vitalidade no corpo astral. E ainda que, se a consciência astral não estiver ainda desenvolvida, esses centros não sejam aproveitáveis no próprio plano a que pertencem, têm, contudo, força suficiente para estimular uma atividade maior à matéria etérica que penetram.

Quando passamos a considerar os sentidos astrais propriamente ditos, os métodos de trabalho são muito diferentes. O corpo astral não tem órgãos de sentidos especializados, e é este um fato que talvez precise ser bem esclarecido, visto que muitos estudiosos, que tentam compreender a sua psicologia, acham que isso é difícil de conciliar com as afirmações que se tem feito sobre a perfeita interpenetração do corpo físico pela matéria astral, sobre a exata correspondência dos dois instrumentos e sobre o fato de que cada objeto físico tem necessariamente o seu correspondente astral.

Ora, todas as afirmações são verdadeiras. Contudo, é perfeitamente possível que as não compreendam bem indivíduos que normalmente não têm visão astral. Cada ordem de máteria física tem a sua ordem correspondente de matéria astral em constante comunicação com ela, nem dela pode ser separada, exceto por um exercício considerável de força oculta, e, mesmo assim, só está dela separada enquanto tal força se exerce para tal fim. Mas, apesar de tudo isso, a inter-relação das partículas astrais é muito mais fraca do que a das suas correspondentes físicas.

Em uma barra de ferro, por exemplo, temos uma massa de moléculas físicas na condição sólida, isto é, capazes de mudanças relativamente pequenas em suas posições relativas, ainda que vibrando cada uma com imensa rapidez em sua esfera própria. O correspondente astral disso consiste naquilo a que muitas vezes chamamos matéria astral sólida, isto é, matéria do mais baixo e mais denso subplano do astral; mas as suas partículas, constante e rapidamente, estão mudando a sua posição relativa, movendo-se umas entre as outras com a mesma facilidade com que o fariam as de um líquido no plano físico. De modo que não há associação permanente entre qualquer partícula física e aquela quantidade de matéria astral que aconteça estar sendo, em determinado momento, o seu correspondente.

Isso é igualmente verdade com respeito ao corpo astral do homem, que, para os nossos fins de momento, poderemos considerar como consistindo de duas partes – o agregado mais denso, que ocupa exatamente a posição do corpo físico, e a nuvem de mais tênue matéria astral que cerca esse agregado. Em ambas as partes, e entre as duas, está constantemente dando-se a rápida intercirculação de partículas que se descreveu, de modo que, ao observamos o movimento das moléculas no corpo astral, constantemente nos ocorre a sua semelhança com as de água em forte ebulição.

Posto isso, facilmente se compreenderá que, conquanto qualquer órgão do corpo físico terá sempre de ter como seu correspondente certa quantidade de matéria astral, esse órgão não retém as mesmas partículas durante mais de uns segundos de cada vez e, por conseguinte, nada há que corresponda à especialização de matéria nervosa física em nervos óticos ou auditivos etc. De modo que, conquanto o olho ou ouvido físico tenha sempre o seu correspondente de matéria astral, esse especial fragmento de matéria astral não é mais (nem menos) capaz de responder às vibrações que produzem a visão ou a audição astral do que qualquer outro fragmento do instrumento.

Nunca se deve esquecer de que, conquanto constantemente tenhamos de nos referir à "visão astral" ou "audição astral" para nos fazermos compreender, o que queremos dizer com essas expressões é a faculdade de responder a vibrações das que levam à consciência do indivíduo, quando ele funciona em seu corpo astral, informação da mesma natureza que aquela que lhe é dada através de seus olhos e de seus ouvidos quando ele está em seu corpo físico. Mas, nas inteiramente diferentes condições astrais, não são precisos órgãos especializados para obtenção desse resultado; há em todas as partes do corpo astral matéria capaz de responder a tais vibrações, e, por isso, o indivíduo funcionando nesse corpo vê da mesma maneira objetos que estão por detrás dele, por cima dele, por baixo dele, sem precisar para isso mexer a cabeça.

Há, porém, outro ponto que não seria justo omitir de todo, que é a questão dos chacras a que me referi. Os estudantes da Teosofia conhecem bem a ideia da existência nos corpos astral e etérico do homem de certos centros de força que têm de ser, cada um por sua vez, vivificados pelo *fogo serpentino*[1], à medida que o homem avança na evolução. Ainda que se não possa dizer que estes são órgãos, no sentido vulgar da palavra, pois que não é através deles que o homem vê ou ouve, como na vida física através de olhos e de ouvidos, é, contudo, ao que parece, em grande parte da vivificação desses centros que o poder de exercer esses sentidos astrais depende; e, à medida que cada um desses centros é vivificado, ele dá a todo o corpo astral o poder de responder a um novo grupo de vibrações.

1 O mesmo que energia kundalini. [Nota do editor]

Não tem esses centros, porém, ligada a eles, qualquer agregação permanente de matéria astral. Eles são apenas vórtices na matéria do corpo – vórtices através dos quais todas as partículas alternadamente passam –, pontos, talvez, nos quais a força superior de planos mais altos age sobre o copro astral. Mesmo essa descrição não dá senão uma ideia parcial de seu aspecto, porque, na realidade, eles são vórtices de quatro dimensões, de modo que a força que vem através deles e é a causa de sua existência, parece surgir de parte nenhuma. Mas, seja como for, visto que todas as partículas, umas após outras, passam por cada vórtice desses, claro está que é possível a cada um evocar em todas as partículas do corpo o poder de receptividade para com certo grupo de vibrações, de modo que todos os sentidos astrais são igualmente ativos em todas as partes do corpo.

A visão do plano mental é, por sua vez, inteiramente diferente, porque, nesse caso, já não podemos falar de sentidos separados, tais como a vista e o ouvido, mas temos, antes, que postular um sentido geral que responde tão plenamente às vibrações que o atingem que qualquer objeto que chegue ao seu conhecimento é imediatamente por ele compreendido, é, por assim dizer, visto, ouvido, palpado e inteiramente conhecido em uma só operação instantânea. Contudo, mesmo essa maravilhosa faculdade não difere senão em grau, e não em espécie, daquelas que estão ao nosso alcance atualmente. No plano mental, exatamente como no físico, as impressões são dadas por meio de vibrações projetadas do objeto visto sobre o indivíduo que vê.

No plano búdico, encontramos pela primeira vez uma faculdade inteiramente nova, que nada tem em comum com aquelas de que temos falado, pois que naquele plano um indivíduo toma conhecimento de um objeto por um meio inteiramente diferente, no qual as vibrações externas não têm parte alguma. O objeto torna-se parte dele, indivíduo, e ele o estuda de dentro, em vez de fora. Mas a clarividência de que aqui tratamos nada tem com esse poder.

O desenvolvimento, completo ou parcial, de qualquer dessas faculdades caberia dentro de nossa definição de clarividência – o poder de ver aquilo que está oculto à visão física normal. Mas essas faculdades podem ser desenvolvidas de várias maneiras, e será bom dizer algumas palavras a esse respeito.

Podemos calcular que se fosse possível que, durante a sua evolução, um indivíduo estivesse isolado de todas, exceto as mais suaves, influências externas, e se desenvolvesse desde o princípio de maneira perfeitamente regular e normal, os seus sentidos se desenvolveriam também de maneira e por ordem regular. Também verificaria que os seus sentidos físicos pouco a pouco aumentavam de alcance até que respondiam a todas as vibrações físicas, tanto da matéria etérica, como da matéria mais densa; então, em uma sequência ordenada, viria a sensibilidade à parte mais grosseira do plano astral, e em breve também à parte mais elevada, até que, por decurso natural, a faculdade do plano mental apareceria também.

Na vida real, porém, quase nunca se conhece um desenvolvimento assim regular, e muitos homens há que têm vislumbres de consciência astral sem que neles haja sequer acordado a visão etérica. E essa irregularidade de desenvolvimento é uma das principais causas da tendência extraordinária do homem para o erro em matéria de clarividência – tendência da qual só se escapa mediante longo período de instrução dada por um professor qualificado.

Os estudiosos da literatura teosófica sabem perfeitamente que é possível encontrar esses professores – mesmo neste século materialista, o velho dito permanece certo, que, "quando o discípulo está pronto, o Mestre está pronto também", e que, "quando o discípulo se torna capaz de entrar para o vestíbulo da sabedoria, ali sempre encontrará o Mestre". Eles sabem também que só assim guiado pode um indivíduo desenvolver com segurança e proveito os seus poderes latentes, visto que sabem quão fatalmente fácil é ao clarividente pouco instruído enganar-se quanto ao valor e à significação daquilo que vê, ou mesmo deformar inteiramente a sua visão ao trazê-la para baixo, para a sua consciência física.

Não segue que mesmo o discípulo que esteja recebendo instrução regular no uso dos poderes ocultos os veja desenvolver-se em si exatamente pela ordem regular que se esboçou como provavelmente apenas ideal. O seu progresso anterior poderá não ter tornado essa estrada a mais fácil ou a mais desejável para ele; mas, ao menos, está entregue a alguém que tem toda a competência para ser o seu guia no desenvolvimento espiritual, e tem a plena e contente segurança de que o caminho pelo qual o levam é aquele que para ele é o melhor.

Outra grande vantagem que ele ganha é que as faculdades que adquire ficam definitivamente sob o seu domínio e podem ser constante e plenamente usadas quando ele precisar delas para o seu trabalho teosófico; ao passo que; no caso do indivíduo mal instruído, esses poderes muitas vezes se manifestam apenas de modo muito parcial e espasmódico, parecendo ir e vir, por assim dizer, por sua livre vontade.

Pode, com certa razão, ser objetado que, se a faculdade da clarividência é, como se disse, parte do desenvolvimento oculto do homem, e, assim, uma indicação de certa quantidade de progresso nessa direção, parece estranho que, muitas vezes, seja possuída por povos primitivos ou por ignorantes e incultos de nossa raça – indivíduos evidentemente sem desenvolvimento algum, de qualquer ponto de vista que os encaremos. Por certo que isso parece estranho à primeira vista; mas o fato é que a sensibilidade do selvagem ou do europeu ignorante não é de modo algum a mesma coisa que a faculdade de seu semelhante propriamente cultivada, nem é obtida de maneira idêntica.

Uma explicação exata e detalhada da diferença levar-nos-ia a pontos complexamente técnicos, mas talvez seja possível dar uma noção geral da distinção entre as duas por meio de um exemplo tirado do plano ínfimo da clarividência, em contato próximo com o plano físico mais denso. O duplo etérico no homem está em relação excessivamente íntima com o seu sistema nervoso e qualquer ação sobre uma dessas coisas rapidamente atua sobre a outra. Ora, no aparecimento esporádico da visão etérica no selvagem, quer da Africa Central, quer da Europa Ocidental, tem-se observado que a perturbação nervosa correspondente é quase toda apenas no sistema simpático, e que toda a questão está realmente fora do domínio da vontade do indivíduo – é, de fato, uma espécie de sensação em massa, pertencendo vagamente a todo o corpo etérico e não uma percepção exata e definida dos sentidos comunicada através de um órgão especializado.

Como nas raças posteriores e no meio de um desenvolvimento mais elevado a força do homem mais e mais se acha entregue ao desenvolvimento das faculdades mentais, essa vaga sensibilidade em geral desaparece; porém, mais tarde, quando o homem espiritual se começa a desenvolver, retoma o seu poder de clarividência. Dessa vez, porém, a faculdade é exata e precisa, sob o domínio da vontade do indivíduo, e é exercida através de um órgão sensorial definido; e é de notar que qualquer ação nervosa com que se relacione é agora quase exclusivamente do sistema cérebro-espinhal.

Sobre esse assunto, escreve Annie Besant:

> As formas inferiores do psiquismo são mais frequentes nos animais e em seres humanos de rudimentar inteligência do que em homens e mulheres em quem as faculdades intelectuais estejam bem desenvolvidas. Parecem estar ligadas ao sistema simpático e não ao cérebro-espinhal. As grandes células ganglionares nucleais neste sistema contêm uma grande porção de matéria etérica, e são por isso mais facilmente afetadas pelas vibrações astrais mais grosseiras do que as células em que a porção é menor. À medida que o sistema cérebro-espinhal se desenvolve e que o cérebro se torna mais perfeito, o sistema simpático cai para uma situação subordinada, e a sensibilidade às vibrações psíquicas é dominada pelas vibrações mais fortes e mais ativas do sistema nervoso superior. É certo que, num estágio ulterior da evolução, a sensibilidade psíquica reaparece, mas então é desenvolvida em relação com os centros cérebro-espinhais e está sob o domínio da vontade. Mas o psiquismo histérico e irregular, de que vemos tantos lamentáveis exemplos, é devido ao pequeno desenvolvimento do cérebro e à predominância do sistema simpático.

Vislumbres passageiros de clarividência acontecem, porém, algumas vezes ao indivíduo altamente culto e com tendências espirituais, ainda que ele nem mesmo tenha ouvido falar na possibilidade de se cultivar essa faculdade. No seu caso, esses vislumbres em geral significam que ele está se aproximando daquele estágio em sua evolução quando esses poderes começaram naturalmente a manifestar-se, e o seu aparecimento deve servir de estímulo adicional para que ele tente manter aquele alto nível de pureza moral e equilíbrio mental sem os quais a clarividência é um mal e não um bem para quem a possui.

Entre aqueles que são inteiramente incapazes de ser impressionados e aqueles que estão de plena posse do poder de clarividência há muitos estágios intermediários. Um desses estágios, que convém talvez examinar por alto, é aquele em que o indivíduo, ainda que não tenha faculdades de clarividência na vida normal, contudo as revela em grau maior ou menor quando sob a influência do hipnotismo. É esse um caso em que a natureza psíquica já é sensível, mas a consciência ainda incapaz de funcionar nela no meio das múltiplas distrações da vida física. È preciso que ela seja libertada pela suspensão temporária dos sentidos exteriores no transe hipnótico antes que possa usar as mais divinas faculdades que começam nela a aparecer. Mas, é claro, mesmo no transe hipnótico há inúmeros graus de lucidez, desde o paciente vulgar, que é nitidamente obtuso, até ao indivíduo cujo poder de visão está inteiramente sob o domínio do hipnotizador, e pode ser dirigido na direção que ele quiser, ou até ao estágio ainda mais avançado em que, uma vez libertada, a consciência escapa inteiramente ao domínio de quem magnetiza e sobe a alturas de visão exaltada, onde fica inteiramente fora de seu alcance.

Outro passo nesse mesmo caminho é aquele em que não é preciso uma tão perfeita supressão do físico, como a que se dá no transe hipnótico, mas em que o poder de visão supranormal, ainda que inatingível na vigília, se torna possível quando o corpo está sob o domínio do sono vulgar. Nesse estágio de desenvolvimento estavam muitos dos profetas e dos videntes dos quais lemos que "foram avisados por Deus em um sonho", ou comungaram com seres muito mais elevados do que eles no alto silêncio da noite.

A maioria da gente culta do mundo tem, até certo ponto, atingido esse desenvolvimento, isto é, os sentidos de seus corpos astrais estão plenamente aptos a funcionar e perfeitamente capazes de receber impressões de objetos e entidades em seu plano. Mas, para que isso lhes sirva de qualquer coisa aqui em seu corpo físico, em geral são necessárias duas condições: primeiro, que o Eu seja acordado para as realidades do plano astral e levado a sair da crisálida formada por seus pensamentos de vigília, de modo a olhar em seu redor e aprender; e, depois, que a consciência seja retida o bastante pelo Eu ao regressar ao seu corpo físico, para que consiga fixar em seu cérebro físico a memória do que aprendeu ou viu.

Se a primeira dessas alterações se produziu, a segunda é de pequena importância, visto que o Eu, o verdadeiro homem, poderá aproveitar com a informação que se pôde obter nesse plano, mesmo que não tenha a satisfação de trazer qualquer memória disso para aqui, para a sua vida de vigília.

Os estudantes desses assuntos perguntam, muitas vezes, como é que essa faculdade de clarividência primeiro se manifesta neles – como poderão saber que chegaram ao estágio em que os seus primeiros e pálidos vislumbres começam a ser notados. Há tanta diferença entre uns casos e outros, que é impossível dar a essa pergunta uma resposta que seja aplicável a todos.

Alguns começam, por assim dizer, por um mergulho, e sob qualquer excitação invulgar tornam-se aptos a ver, por uma vez que seja, qualquer visão notável; e, muitas vezes, em um caso desses, porque a experiência se não repita, o vidente chega depois a crer que deve ter sido vítima de uma alucinação. Outros começam por adquirir consciência intermitente das cores brilhantes e das vibrações da aura humana; outros encontram se, com frequência crescente, vendo e ouvindo coisas a que são cegos e surdos aqueles que os cercam; outros, ainda, veem caras, paisagens ou nuvens coloridas pairar-lhes diante dos olhos antes de adormecer; mas, talvez, a mais vulgar de todas as experiências é a daqueles que começam a recordar com nitidez cada vez maior o que viram e ouviram em outros planos durante o sono.

Tendo assim, até certo ponto, desimpedido o nosso caminho, podemos passar a considerar os vários fenômenos de clarividência.

Eles diferem tanto, quer em gênero, quer em grau, que não é muito fácil decidir qual a melhor classificação que deles se faça. Poderíamos, por exemplo, classificá-los segundo a espécie de visão empregada – mental, astral ou apenas etérica. Poderíamos classificá-los segundo a capacidade do clarividente, considerando se ele é educado, ou não, na clarividência; se a sua visão é regular e sob o domínio de sua vontade, ou espasmódica e independente dela; se a pode exercer apenas sob influência mesmérica, ou se essa influência lhe é desnecessária; se é capaz de empregar esse poder quando em vigília em seu corpo físico, ou se apenas a pode empregar quando temporariamente afastado desse corpo pelo sono ou pelo transe.

Todas essas distinções são importantes e teremos de considerar todas, à medida que avançarmos no assunto, mas, talvez, a classificação mais prática e útil seja uma no gênero daquela adotada pelo sr. Sinnett em *Explicação do Mesmerismo* – um livro, aliás, que deve ser lido por todos quantos queiram estudar a clarividência. Ao tratar desses fenômenos, dividi-los-emos, pois, mais segundo a capacidade da visão empregada do que segundo o plano em que é excitada, de sorte que poderemos agrupar os casos de clarividência nas seguintes seções do gênero:

1 – Clarividência simples – isto é, um mero abrir da visão, tornando o seu possuidor capaz de ver as entidades astrais ou etéricas que aconteça estarem presentes à sua volta, mas não incluindo o poder de observar lugares distantes ou cenas pertencentes a um tempo outro que o presente.
2 – Clarividência no espaço – o poder de ver cenas ou acontecimentos afastados do vidente no espaço, quer por estarem muito longe para a observação normal, quer por estarem ocultos por objetos interpostos.
3 – Clarividência no tempo – isto é, o poder de ver objetos ou acontecimentos que estão afastados do vidente no tempo, ou, em outras palavras, o poder de ver o passado e o futuro.

2. CLARIVIDÊNCIA SIMPLES: COMPLETA

Definimos esta como um mero abrir da visão etérica ou astral, que torna o seu possuidor capaz de ver o que o cerca em níveis correspondentes, mas não é, em geral, acompanhado pelo poder de ver qualquer coisa a grande distância ou ler no passado ou no futuro. Não é possível, decerto, excluir de todo essas últimas faculdades, porque a visão astral tem, necessariamente, extensão consideravelmente maior do que a física e, por vezes, acontece que quadros fragmentados tanto do passado como do futuro são casualmente vistos mesmo por clarividentes que não têm noção de como especialmente procurá-los; há, contudo, distinção muito real entre esses vislumbres acidentais e o poder, nitidamente tal, de projetar a vista quer no espaço, quer no tempo.

Entre gente sensível, encontramos todos os graus dessa espécie de clarividência, desde a do indivíduo que obtém uma impressão vaga que mal merece o nome de visão, até à plena posse da visão etérica ou da visão astral. Talvez que o mais simples seja que comecemos por descrever o que seria visível no caso desse mais pleno desenvolvimento da faculdade, visto que os casos de sua posse parcial serão, então, devidamente compreendidos em relação a este.

Tratemos, primeiro, da visão etérica. Esta consiste, simplesmente, como já se disse, na suscetibilidade a uma série muito maior de vibrações físicas do que é normal, mas, ainda assim, a sua posse traz para a vista uma porção de coisas a que a maioria da humanidade ainda é cega. Vejamos que efeitos produz a aquisição dessa faculdade no aspecto de objetos familiares, animados e inanimados, e notemos depois a que fatores inteiramente novos ela nos torna conscientes. Mas, deve-se ter presente que o que vou descrever é o resultado da posse plena e perfeitamente dominada da faculdade, e que a maioria dos casos que encontramos pelo mundo afora serão, com respeito a este, deficientes em um ou outro ponto.

A alteração mais flagrante que é produzida, no aspecto dos objetos inanimados, pela aquisição dessa faculdade, é que a maioria deles se torna quase transparente, devido à diferença do comprimento de onda em algumas das vibrações a que o indivíduo acaba de se tornar sensível. Ele verifica que é capaz de realizar com a maior das facilidades o feito tradicional de "ver através de um muro de pedra", porque, para a sua nova visão, o muro de pedra parece não ter maior consistência do que uma névoa ligeira. Por isso, ele vê o que se passa em um quarto ao lado, quase como se não existisse uma parede intermédia; pode descrever, sem errar, o conteúdo de uma caixa fechada ou ler uma carta que está lacrada dentro de seu envelope; com alguma prática, pode encontrar determinado trecho em um livro fechado. Esse último feito, ainda que perfeitamente fácil para a visão astral, é bastante difícil para quem empregue a visão etérica, porque cada página tem de ser vista através de todas as outras que calhe estarem a ela sobrepostas.

Muitas vezes, se pergunta se, nesses casos, um indivíduo vê sempre com a sua visão anormal, ou se apenas o faz quando assim deseja. A resposta é que, se a faculdade está perfeitamente desenvolvida, estará inteiramente sob o domínio do indivíduo, e ele poderá, conforme queira, empregar essa visão ou apenas a sua visão normal. Ele passa de uma para a outra com a prontidão e a naturalidade com que normalmente mudamos o foco de nossos olhos ao levantá-los do livro que estamos lendo para seguir os movimentos de um objeto a um quilômetro de distância. Trata-se, por assim dizer, de focar a consciência sobre um ou outro aspecto do que se vê; e, ainda que o indivíduo tenha claramente em vista aquele aspecto sobre o qual a sua atenção se fixa no momento, sempre terá uma vaga consciência do outro aspecto também, exatamente como quando focamos a vista sobre qualquer objeto que tenhamos na mão, contudo, vagamente vemos a parede fronteira do quarto como fundo.

Outra curiosa alteração que vem da posse dessa visão é que a terra sólida sobre a qual o indivíduo caminha se torna, até certo ponto, transparente a seus olhos, de modo que ele pode ver até bastante fundo nela, exatamente como normalmente vemos através de água relativamente límpida. Isso o torna capaz de ver qualquer animal construindo um tunel subterrâneo ou distinguir um filão de carvão ou de minério, se não estiver muito fundo etc.

Os limites da visão etérica, quando se olha através de matéria sólida, parecem análogos àqueles que nos são impostos quando vemos através de água ou de nevoeiro. Não podemos ver além de certa distância, porque o meio, através do qual olhamos, não é perfeitamente transparente.

O aspecto dos objetos animados também resulta perfeitamente alterado para o indivíduo que aumentou até esse ponto os seus poderes visuais. Os corpos dos homens e dos animais são para ele, em grande parte, transparentes, de modo que pode ver em operação os vários órgãos internos e, até certo ponto, diagnosticar as doenças deles.

Essa visão mais extensa também lhe permite ver, com maior ou menor clareza, várias espécies de criaturas, elementais e outras, cujos corpos não são capazes de refletir quaisquer dos raios dentro dos limites do espectro como o vemos normalmente. Entre as entidades assim vistas estarão algumas das ordens inferiores dos espíritos da natureza – aqueles cujos corpos são compostos da mais densa matéria etérica. A essa classe pertencem todas as fadas, gnomos etc., a respeito dos quais tantas histórias ainda restam nas montanhas da Escócia e da Irlanda e em países longínquos em todo o mundo.

O vasto reino dos espíritos da natureza é, sobretudo, um reino astral, mas há uma grande seção dele que pertence à parte etérica do plano físico, e essa seção, é claro, é muito mais natural que entre na esfera do conhecimento de gente normal do que as outras. Na verdade, ao lermos os vulgares contos de fadas, frequentemente encontramos nítidas indicações de se estar tratando dessa classe. Qualquer estudioso de contos de fadas deve lembrar-se do grande número de vezes que neles se fala em um unguento ou droga misteriosa, a qual, quando aplicada aos olhos de um indivíduo, torna-o apto a ver os membros do reino das fadas, onde quer que os encontre.

A história dessa aplicação e de seus resultados é tão repetida e surge-nos de tanta parte do mundo, que, com certeza, deve basear-se em uma verdade qualquer, como em qualquer verdade sempre se baseia qualquer tradição popular realmente universal. Ora, não há mero untar apenas dos olhos de um indivíduo que seja capaz de lhe abrir a visão astral, mas há certos unguentos, que, esfregados sobre todo o corpo, muito auxiliam o corpo astral a abandonar o físico com plena consciência – fato esse cujo conhecimento parece ter vindo até aos tempos medievais, como se verá dos testemunhos dados em alguns dos julgamentos por bruxaria. Mas a aplicação aos olhos físicos bem poderá de tal modo excitar a sua sensibilidade que os torne acessíveis a algumas das vibrações etéricas.

A história, muitas vezes, continuando, acrescenta como quando o ser humano, que empregou esse unguento místico, revela de qualquer modo a uma fada a sua visão alargada, ela lhe bate ou lhe espeta os olhos, privando-o, assim, não só da vista etérica como também daquela do mais denso plano físico (v. *A Ciência dos Contos de Fadas*, por E.S. Hartland, na Contemporary Science Series – ou, de resto, qualquer coleção razoavelmente completa de contos de fadas). Se a vista adquirida tivesse sido astral, tal procedimento da parte da fada teria resultado perfeitamente inútil, pois que nenhum estrago produzido no aparelho físico pode afetar uma faculdade astral; mas, se a visão produzida pelo unguento tivesse sido etérica, a destruição dos olhos físicos imediamente, na maioria dos casos, a extinguiria, visto que é através deles que essa visão opera.

Qualquer indivíduo que possuísse essa vista de que estamos falando poderia também ver o duplo etérico do homem; mas, visto que este é quase idêntico em tamanho ao corpo físico, é pouco provável que lhe chamasse a atenção, a não ser que estivesse parcialmente projetado em transe ou pela influência de anestésicos. Depois da morte, quando se retira inteiramente do corpo denso, ser-lhe-ia claramente visível, e ele frequentemente o veria pairando por cima de sepulturas recentes ao passar por um cemitério. Se fosse assistir a uma sessão espírita, veria a matéria etérica saindo do lado do médium e observaria as diversas maneiras de que as entidades comunicantes se servem dela.

Outro fato que em breve não deixaria de impressioná-lo seria a extensão de sua percepção da cor. Ele encontrar-se-ia capaz de ver várias cores inteiramente novas, em nada parecidas com aquelas que formam parte do espectro como o conhecemos agora, e, portanto, inteiramente indescritíveis em quaisquer palavras de que disponhamos. E não só veria novos objetos inteiramente compostos dessas cores novas, como também descobriria que se tinham modificado as cores de muitos objetos que ele conhecia, consoante eles tinham ou não algum elemento desses novos matizes em sua constituição. De modo que duas superfícies coloridas, que aos olhos vulgares pareciam assemelhar-se perfeitamente, muitas vezes se revelariam de todo diferentes em cor à sua vista mais apurada.

Referimo-nos já a algumas das principais alterações que aconteceriam no mundo de um indivíduo quando ele adquirisse a visão etérica; e devemos sempre nos lembrar de que, ao mesmo tempo, alteração correspondente aconteceria também aos seus outros sentidos, de modo que ele se tornaria capaz de ouvir, e talvez mesmo de sentir mais do que a maioria dos que o cercam. Suponhamos, agora, que, além disso, ele adquirisse também a visão do plano astral; que alterações adicionais daí resultariam?

Essas alterações seriam muitas e importantes; de fato, abrir-se-ia diante de seus olhos um mundo inteiramente novo. Consideremos, resumidamente, as suas maravilhas pela mesma ordem do que dantes, e vejamos, primeiro, qual a diferença que haveria no aspecto de objetos inanimados. Sobre esse ponto, começarei por citar uma estranha resposta, recentemente impressa em *The Vahan*[1]:

Há uma diferença nítida entre a visão etérica e a visão astral, e é essa última que parece corresponder à quarta dimensão.

O modo mais fácil de compreender a diferença é por meio de um exemplo. Se olhásseis para um homem com as duas visões, uma após outra, nos dois casos veríeis os botões nas costas

1 *The Vahan* foi um periódico publicado em Londres pela Sociedade Teosófica de 1890 a 1920. Inicialmente, os editores eram Helena Blavatsky e Walter R. Velho, mas, em agosto de 1891, George Robert Stowe Mead assumiu. [Nota do editor]

de seu sobretudo; mas, se usásseis a visão etérica, vê-los-ei através dele, e veríeis, portanto, mais próximo de vós o lado de trás do botão, ao passo que, se vísseis astralmente, veríeis não só assim, mas ao mesmo tempo como se estivésseis colocado por detrás do indivíduo e olhando-lhe para as costas.

Ou se estivésseis olhando etericamente para um cubo com caracteres escritos em todos os lados, o cubo seria para a vossa vista como se fosse de vidro, de modo que podíeis ver através dele, vendo o que está escrito do lado oposto de trás para diante, ao passo que o que está escrito dos lados só poderia estar nítido para vós se mudásseis de lugar, visto que sem isso apenas o veríeis de lado. Mas, se olhásseis para ele astralmente, veríeis todos os lados ao mesmo tempo e todos diante de vós a direito como se todo o corpo tivesse sido tornado plano diante de vossos olhos; e veríeis também cada partícula do interior do cubo, não através das outras, mas planamente. Estaríeis olhando para o cubo de uma outra direção, perpendicularmente a todas as direções que conhecemos.

Se olhardes etericamente para a parte de trás de um relógio, vereis as rodas todas do maquinismo através dela, e o mostrador através das rodas, mas, ao contrário; se olhardes para ela astralmente, vereis o mostrador como deve ser e todas as rodas separadas umas das outras, mas nenhum desses objetos sobreposto a outro.

Aqui temos nós, nitidamente, a nota, o principal fator da mudança; o indivíduo está vendo tudo de um ponto de vista inteiramente diferente, inteiramente fora de tudo quanto antes pôde imaginar. Já não tem a menor dificuldade em ler qualquer página de um livro fechado, porque já não está olhando para ela através de todas as outras páginas que estão antes ou depois, mas sim olhando diretamente para ela como se fosse a única página a ver. A profundidade a que está um filão de minério ou de carvão já não é um obstáculo à visão dele, porque ele já não está olhando para o filão através da profundidade de terra que medeia. A grossura de um muro ou o número de muros entre o observador e o objeto fariam grande diferença para a nitidez da visão etérica; não fariam diferença alguma para a visão astral, porque no plano astral nada disso estaria entre o observador e o objeto. Está claro que isso parece paradoxal e inexplicável, e é, na verdade, inteiramente inexplicável a um espírito que não esteja educado para compreender essas ideias; mas nem por isso é menos verdadeiro.

Isso nos leva, naturalmente, à questão debatidíssima da quarta dimensão – assunto de maior interesse, mas que não podemos discutir no curto espaço de que dispomos. Quem o quiser estudar, com a atenção que o problema merece, deve ler, de princípio, ***Os Romances Científicos,*** do sr. C.H. Hinton, ou ***Outro Mundo***, do dr. A.T. Schofield, passando depois à obra mais externa do primeiro desses autores, ***Uma Nova Era do Pensamento***. O sr. Hinton não só afirma ser pessoalmente capaz de abranger mentalmente algumas das figuras quadridimensionais mais simples, como também diz que o pode fazer quem se der ao trabalho de seguir atenta e perseverantemente as suas instruções. Não me parece que isso esteja ao alcance de toda gente, como crê o autor, pois se me afigura que, para isso, é preciso considerável habilidade matemática; mas posso testemunhar, pelo menos, que o tesserato, ou cubo quadridimensional, é uma realidade, porque é uma figura muito conhecida no plano astral. O sr. Hinton acaba de aperfeiçoar um novo método de representar as várias dimensões por meio de cores em vez de por meio de símbolos escritos arbitrários. Afirma que assim o estudo ficará muito simplificado, visto que o leitor será capaz de reconhecer imeditamente, à primeira vista, qualquer parte ou feição do tesserato. Diz-se que uma descrição completa desse método, com ilustrações, está entrando no prelo, devendo aparecer dentro de um ano, de modo que os que pretendem estudar esse assunto fascinante farão bem em aguardar a sua publicação.

Sei que Madame Blavatsky, ao aludir à teoria da quarta dimensão, deu o seu parecer no sentido de que isso é apenas uma maneira grosseira de afirmar a ideia da inteira permeabilidade da matéria, e que o sr. W.T. Stead seguiu a mesma orientação, apresentando esse conceito aos seus leitores sob o nome de ***throughth***[2]. A investigação cuidadosa, detalhada e repetida parece, porém, mostrar concludentemente que essa explicação não abrange todos os fatos. É uma descrição perfeita da visão

2 Por toda parte ou completamente, englobando tudo. [Nota do editor]

etérica, mas a ideia mais avançada, e inteiramente diferente, da quarta dimensão, tal qual a expõe o sr. Hinton, é a única que dá qualquer explicação plausível sobre os fatos de visão astral constantemente observados neste mundo. Tomarei, portanto, e com o devido respeito, a liberdade de sugerir que Madame Blavatsky, quando escreveu como citei, tinha em mente a visão etérica, e não a astral, e que a extrema aplicabilidade da frase a essa outra, e mais elevada faculdade, na qual ela naquele momento não pensava, não lhe ocorreu.

A posse desse poder extraordinário e que mal se pode definir deve, pois, estar sempre presente no espírito do leitor através de tudo o que segue. Ela torna patente aos olhos do vidente cada ponto no interior de um sólido, exatamente como cada ponto no interior de um círculo está patente à vista do observador que olha para esse círculo.

Mas, mesmo isso não esgota tudo quanto essa visão dá ao seu possuidor. Ele vê não só o interior, como o exterior de cada objeto, mas também o seu correspondente astral. Cada átomo e molécula da matéria física tem o seu átomo ou molécula astral correspondente, e o volume com estes construído é claramente visível ao clarividente. Em geral, a parte astral de qualquer objeto é projetada um pouco para além dos limites de seu físico, e assim os metais, as pedras e outros objetos aparecem cercados por uma aura astral.

Ver-se-á imediatamente que, mesmo no estudo da matéria inorgânica, um indivíduo ganha imenso com a aquisição dessa visão. Não só vê a parte astral do objeto para que olha, que antes lhe era inteiramente oculta; não só vê muito mais de sua constituição física do que antes vira; mas mesmo o que antes lhe era visível é agora visto com uma clareza e uma verdade muito maiores. Um momento de reflexão mostrará que essa nova visão se aproxima muito mais da verdadeira percepção do que a vista física. Por exemplo, se se olhar astralmente para um cubo de vidro, todos os seus lados parecerão iguais, como, com efeito, o são, ao passo que, no plano físico, se vê o lado oposto em perspectiva – isto é, parecendo menor do que o lado que está perto, o que não passa, é claro, de mera ilusão, devido às nossas limitações físicas.

Quando passamos a considerar as facilidades adicionais que ela oferece na observação de objetos animados, mais claramente vemos as vantagens da visão astral. Ela mostra ao clarividente a aura das plantas e dos animais; e, no caso destes, portanto, os seus desejos e emoções, como os pensamentos que tenham, estão patentes aos olhos dele.

Mas, é com referência aos seres humanos que ele mais apreciará as vantagens dessa faculdade, porque, muitas vezes, poderá auxiliá-lo muito melhor quando se guiar pela informação que ela lhe fornece.

Poderá ver a aura até ao corpo astral, e, ainda que isso deixe ainda invisível toda a parte superior do homem, ser-lhe-á possível, mediante uma observação cuidadosa, aprender, pela parte que lhe é visível, bastantes coisas a respeito dessa parte superior. A sua capacidade de examinar o duplo etérico dar-lhe-á grande facilidade em localizar e classificar quaisquer doenças ou defeitos do sistema nervoso, e do aspecto do corpo astral verá, imediatamente, as emoções, as paixões, os desejos e as tendências do indivíduo que tem à sua frente, e, também, grande parte de seus pensamentos.

Ao olhar para um indivíduo, vê-lo-á cercado pela névoa luminosa da aura astral, faiscando em variadíssimas cores brilhantes e constantemente mudando de matiz e de brilho com cada variação dos pensamentos e dos sentimentos do indivíduo. Verá essa aura cheia do belo cor-de-rosa da afeição pura, do azul brilhante dos sentimentos de devoção, do castanho duro e baço do egoísmo, do escarlate vivo da cólera, do horrível vermelho ardente da sensualidade, do cinzento lívido do medo, das nuvens negras do ódio e da maldade, ou de qualquer das tantas outras indicações tão facilmente lidas por um olhar experimentado; e, assim, será impossível a qualquer pessoa esconder-lhe o estado verdadeiro de seus sentimentos sobre qualquer assunto.

Essas variadas indicações da aura são, de *per se*, um estudo profundamente interessante, mas não me sobra o espaço para aqui me referir a elas detalhadamente. Um relato muito mais circunstanciado a seu respeito, acompanhado de ilustrações coloridas, encontra-se em minha obra ***O Homem Visível e Invisível***.

A aura astral, porém, não só lhe mostra os resultados temporários da emoção que a está atravessando no momento, como também lhe revela, pelo arranjo e proporção de suas cores quando em estado de relativo repouso, uma indicação quanto à disposição geral e ao caráter de seu dono. Porque o corpo astral é a expressão de quanto do indivíduo pode ser expresso naquele plano, de modo que, do que nele se vê, se pode, com razoável segurança, concluir muito mais, de coisas que pertencem a planos mais elevados.

Nesse juízo sobre o caráter, o clarividente será consideravelmente auxiliado por aquilo que do pensamento do indivíduo se exprime no plano astral, e que, por conseguinte, fica dentro do alcance de sua visão. A verdadeira sede do pensamento é no plano mental, e todo o pensamento primeiro se manifesta ali como uma vibração do corpo mental. Mas, se o pensamento tiver qualquer elemento egoísta, ou se de algum modo estiver ligado a uma emoção ou a um desejo, desce imediatamente ao plano astral e toma uma forma visível de matéria astral.

No caso da maioria dos homens, quase todos os seus pensamentos entram em uma ou outra dessas categorias, de modo que se pode dizer que toda a sua personalidade estará patente à visão astral do observador, visto que os seus corpos astrais e as formas de pensamento que deles constantemente emanam seriam para ele como um livro aberto, onde as características do observado estariam escritas claramente, de modo a poderem ser lidas por quem quer que seja com o preciso alcance de visão. Quem quiser ter uma ideia de como as formas de pensamento se apresentam à visão clarividente, pode, até certo ponto, satisfazer à sua curiosidade, examinando as ilustrações que acompanham o valioso artigo sobre o assunto, que Mrs. Besant escreveu em ***Lucifer***[3], de setembro de 1896.

Vimos já alguma coisa com respeito à alteração no aspecto, tanto de objetos inanimados como animados, quando vistos por quem possui a plena visão clarividente no que se refere ao plano astral. Vejamos, agora, que objetos inteiramente novos ele será capaz de ver. Terá consciência de uma plenitude muito maior na natureza em muitas direções, mas a sua atenção será especial-

3 ***Lucifer*** foi um jornal publicado por Helena Blavatsky. A primeira edição foi publicada em setembro de 1887 em Londres. [Nota do editor]

mente atraída pelos habitantes vivos deste novo mundo. Não podemos, no pouco espaço de que dispomos, sequer tentar um relato detalhado do que eles são; o assunto pode ser estudado, porém, em nosso quinto manual. Não podemos aqui senão enumerar rapidamente apenas algumas classes dentre as vastas hostes de habitantes astrais.

Impressioná-lo-ão as formas proteicas da maré incessante de essência elemental, redemoinhando sempre a seu redor, por vezes ameaçando, mas sempre se retirando perante um esforço forte da vontade; maravilhá-lo-á o exército enorme de entidades temporariamente arrancadas desse oceano para uma vida separada pelos pensamentos e desejos dos homens, bons ou maus que sejam. Assistirá ao trabalho ou ao recreio das múltiplas tribos de espíritos da natureza; poderá, por vezes, estudar, com deleite crescente, a evolução magnífica de algumas das ordens inferiores do glorioso reino dos devas, que corresponde, aproximadamente, às hostes angélicas da terminologia cristã.

Mas, talvez, de maior interesse para ele serão os habitantes humanos do reino astral, e ele encontrar-los-á divididos em duas grandes classes – aqueles a quem chamamos os vivos, e os outros, alguns dos quais infinitamente mais vivos, a quem absurdamente chamamos os mortos. Entre os primeiros encontrará aqui e ali um ou outro inteiramente desperto e plenamente consciente, mandado, talvez, para lhe comunicar qualquer coisa, ou, examinando-o atentamente, para ver que progresso está fazendo; ao passo que a maioria de seus semelhantes, quando fora de seus corpos físicos durante o sono, passará por ele sem nexo ou direção, tão presos às suas cogitações que pouca ou nenhuma consciência têm do que os cerca.

Entre a grande multidão dos recém-mortos encontrará todos os graus de consciência e de inteligência, e todas as nuances de caráter – porque a morte, que parece à nossa curta visão ser uma mudança tão absoluta, nada altera do homem propriamente tal. No dia depois da morte, ele é exatamente o mesmo homem que era no dia antes, com a mesma disposição, as mesmas qualidades, as mesmas virtudes e os mesmos vícios, salvo apenas que abandonou o seu corpo físico; mas a perda deste faz-lhe tanta diferença como o tirar de um sobretudo. E, assim, entre os mortos o nosso observador encontrará gente inteligente e gente estúpida, gente bondosa e gente maligna, gente séria e gente frívola, gente de feitio espiritual e gente de índole sensual, exatamente como entre os vivos.

Visto que pode não só ver os mortos como também falar com eles, pode, muitas vezes, ser-lhes útil e dar-lhes informação e conselhos que lhes sejam de grande utilidade. Muitos deles estão em estado de grande surpresa e perplexidade, e, às vezes, mesmo de grande angústia, por encontrarem os do mundo seguinte tão diferentes de todas as lendas infantis, que é o que a religião popular do Ocidente tem a oferecer com respeito a esse assunto transcendentemente importante; e, por isso, um indivíduo que compreenda esse novo mundo e possa dar explicações é, na verdade, um amigo na ocasião de o ser.

De muitas outras maneiras pode um indivíduo que possui essa faculdade ser útil tanto aos vivos como aos mortos; mas essa parte do assunto já por mim foi tratada em meu livro ***Auxiliares Invisíveis***. Além de entidades astrais, ele encontrará cadáveres astrais, sombras e "cascas" em todos os estados de decomposição; mas aqui basta que estes se mencionem, visto que em nossos terceiro e quinto manuais o leitor que deseje saber mais a esse respeito, encontrará o que procura.

Outro resultado maravilhoso que um indivíduo tira do pleno gozo da clarividência astral é que deixa de ter quebras ou intervalos em sua vida consciente. Quando de noite adormece, deixa o seu corpo físico ao descanso de que ele precisa e segue tratando de sua vida no seu bem mais confortável instrumento astral. De manhã, regressa e retoma posse de seu corpo físico, mas sem interrupção de consciência ou perda de memória entre os dois estados, podendo, então, por assim dizer, viver uma vida dupla, que, contudo, é só uma, e empregar utilmente toda ela, em vez de perder a terça parte de sua existência em inconsciência total.

Outro estranho poder que talvez se encontre possuindo (ainda que a sua completa posse e pleno domínio antes pertença à mais elevada faculdade devachânica[4]) é o de aumentar, quando assim quiser, o tamanho da mais pequena partícula física ou astral, até ela ter as dimensões que ele deseja, como se estivesse empregando um microscópio – ainda que nenhum microscópio que existe, ou seja provável que exista, possua nem a milésima parte desse poder físico de aumentar. Por meio dessa faculdade, a molécula e átomo hipotéticos, que a ciência postula, tornamse realidades visíveis e vivas para o estudioso das coisas ocultas, e, ao examiná-las assim de mais perto, ele verifica que a sua estrutura é muito mais complexa do que pensa o homem de ciência. Também essa faculdade o torna capaz de seguir com a mais interessada atenção todas as espécies de ação elétrica, magnética e etérica de outras espécies; e, quando alguns dos especialistas nesses ramos da ciência conseguirem desenvolver o poder de ver essas coisas de que tão facilmente escrevem, há a esperar algumas revelações bem maravilhosas e belas.

É este um dos *sidhis* ou poderes descritos nos livros orientais como vindo a ser pertença do indivíduo que se dedique ao aperfeiçoamento espiritual, ainda que o nome que ali lhe é dado possa não ser imediatamente compreendido. Ali, chamase-lhe "o poder de nos tornarmos grandes ou pequenos conforme quisermos", e a razão de o fato ser descrito em expressões que parecem exatamente invertê lo é que, na verdade, o método pelo qual esse feito se consegue é precisamente este que esses livros antiquíssimos indicam. É pelo emprego de um maquinismo visual temporário de uma pequenez inconcebível que o mundo do infinitamente pequeno tão nitidamente se observa; e, do mesmo modo (ou, antes, seguindo o método oposto), é por um aumento enorme e temporário do tamanho do maquinismo visual que se torna possível alargar o alcance de nossa vista – no sentido físico tanto como, esperemo-lo, no sentido moral – para

4 Faculdade mediúnica de alto nível, já que se trata de contato sutil com o plano mental superior. [Nota do editor]

além de tudo quanto a ciência tem concebido como possível ao homem. De modo que a alteração no tamanho é realmente no instrumento da consciência do observador, e não em qualquer coisa fora dele; e os velhos livros orientais expuseram, afinal, a questão com mais justeza do que nós.

A psicometria e a dupla vista, *in excelsis*, estariam também no número das faculdades que o nosso observador possuiria; mas destas mais propriamente trataremos em outro capítulo, visto que, em quase todas as suas manifestações, implicam a clarividência quer no espaço, quer no tempo.

Indiquei, pois, ainda que em linhas mais gerais, o que é que um observador instruído, possuindo a plena visão astral, veria no mundo imensamente mais vasto que essa visão lhe abriria; mas nada disse ainda da espantosa alteração em sua atitude mental que resulta da certeza experimental da existência da alma, da sua sobrevivência à morte, da ação da lei do carma e de outros pontos de enorme importância. A diferença entre mesmo a mais profunda convicção intelectual e o conhecimento exato, adquirido pela experiência pessoal direta, deve ser sentida para poder ser compreendida.

3. CLARIVIDÊNCIA SIMPLES: PARCIAL

As experiências do clarividente sem instrução – e não se deve esquecer de que a essa classe pertencem quase todos os clarividentes europeus – ficarão, porém em geral, muito aquém do que tentei esboçar; ficarão aquém de muitas e diferentes maneiras – em grau, em variedade, em permanência e, sobretudo, em precisão.

Casos há, por exemplo, em que a clarividência de um indivíduo será permanente, mas muito incompleta, abrangendo apenas uma ou duas classes dos fenômenos observáveis; ele encontrar-se-á possuindo um qualquer fragmento isolado de visão superior, sem, aparentemente, possuir outros poderes de visão que deviam normalmente acompanhar, ou mesmo preceder, tal fragmento. Por exemplo: um de meus mais íntimos amigos teve sempre o poder de ver o éter atômico e a matéria astral atômica e de reconhecer a sua estrutura, quer em plena luz, quer às escuras, como interpenetrando todas as outras coisas; contudo, raríssimas vezes tem conseguido ver entidades cujos corpos sejam compostos de éteres inferiores, ou da mais densa matéria astral, aliás, muito mais evidentes, ou, pelo menos, é com certeza incapaz de as ver permanentemente. Ele se encontra simplesmente de posse dessa faculdade especial, sem haver razão alguma que explique essa posse, ou relação cognoscível entre ela e outra coisa qualquer; além de lhe provar a existência desses planos atômicos e de lhe demonstrar a sua estrutura, é difícil calcular para que lhe serve atualmente tal faculdade. Seja como for, a faculdade aí está, e é prova de que coisas maiores se lhe seguirão – de poderes maiores que ainda esperam desenvolver-se.

Há muitos casos semelhantes – semelhantes, quero dizer, não na posse daquela forma especial de visão (que é única na minha experiência), mas em revelar o desenvolvimento de uma pequena parte da plena e nítida visão dos planos astral e etérico. Em nove casos em cada dez, porém, essa clarividência parcial carecerá, também, de precisão – isto é, haverá nela grande parte de impressões vagas e de meras deduções, em vez da nítida definição e clara certeza do indivíduo educado na clarividência. Exemplos desse tipo encontram-se, frequentemente, sobretudo, entre aqueles que se reclamam como "clarividentes demonstrativos e profissionais".

Há, também, os indivíduos que são apenas temporariamente clarividentes em certas condições especiais. Entre estes há várias subdivisões, porque há indivíduos que podem reproduzir, quando querem, o estado de clarividência mediante a reconstrução das mesmas condições, ao passo que há outros em quem ela se dá esporadicamente, sem referência palpável ao que os cerca, e ainda outros em quem a faculdade se revela apenas uma ou duas vezes em toda a vida.

À primeira dessas subdivisões pertencem aqueles que são clarividentes apenas quando em transe hipnótico, e que, quando não estão em tal transe, são totalmente incapazes de ver ou ouvir qualquer coisa de anormal. Estes podem, por vezes, atingir grandes alturas de conhecimento e ser extraordinariamente precisos em suas indicações, mas, quando assim acontece, é que, em geral, estão seguindo um curso regular de educação clarividente, ainda que, por uma razão qualquer, não possam por enquanto livrar-se sem auxílio do peso de vida terrena.

Na mesma classe poderemos incluir aqueles – em sua maioria orientais – que adquirem uma visão temporária apenas pela influência de certas drogas ou mediante a prática de certos processos. Às vezes, hipnotizam se pela repetição do processo e, nessa condição, tornam-se até certo ponto clarividentes; as mais das vezes, porém, apenas se reduzem a uma condição passiva, na qual qualquer outra entidade os pode obcecar e falar através deles. Por vezes, ainda, as cerimônias ou ritos que empregam não visam de modo algum a afetarem-se a si próprios, mas apenas a invocar qualquer entidade astral que lhes dê a desejada informação; mas isso, é claro, não passa de um caso de magia e não de clarividência. Tanto as drogas como os ritos são métodos que devem ser rigidamente afastados por quem quiser aproximar-se da clarividência pelo seu lado superior e usá-la para seu progresso e para auxílio de outrem. Os magistas da África Central e alguns dos xamãs tártaros são bons exemplos desse tipo.

Aqueles a quem certa dose de clarividência aconteceu apenas ocasionalmente e sem relação alguma com os seus desejos, têm, muitas vezes, sido pessoas histéricas ou altamente nervosas, em quem essa faculdade era apenas, em grande parte, um dos sintomas de uma doença. O seu aparecimento mostrava que o instrumento físico estava a tal ponto enfraquecido que já não constituía sequer obstáculo a certo grau de visão astral ou etérica. Um exemplo extremo dessa classe é o indivíduo que se alcooliza a ponto de atingir o ***delirium tremens***, e que, na condição de ruína física absoluta e impura excitação psíquica produzida pelos estragos dessa terrível doença, se torna temporariamente capaz de ver algumas das hediondas entidades elementais e outras de que se cercou no longo decurso de sua bestial degradação. Há, porém, outros casos em que o poder de visão tem aparecido e desaparecido sem relação aparente com o estado de saúde física; o mais provável é que, mesmo nesses casos, se tivessem sido observados bem de perto, não teria sido impossível notar qualquer alteração na condição do duplo etérico.

Aqueles que em toda a sua vida tiveram apenas um momento de clarividência são um grupo difícil de classificar cabalmente, por causa da grande diversidade das circunstâncias que para isso contribuíram. Há muitos deles em quem essa experiência se deu em algum dos momentos culminantes de sua vida, quando se compreende bem que houvesse uma exaltação temporária das faculdades que bastasse para explicar esse poder.

No caso de outra subdivisão destes, a experiência única consiste em ver uma aparição, que, na maioria dos casos, é de um parente ou amigo que está morrendo. Temos aqui que escolher entre duas possibilidades, e em quaquer delas o desejo forte do moribundo é a força impulsora. Essa força pode tê-lo tornado capaz de se materializar por um momento e, nesse caso, não seria preciso clarividência para vê-lo; ou, com maior probabilidade, pode ter agido hipnoticamente sobre o percipiente, momentaneamente apagando a sua sensibilidade física e estimulando a sua sensibilidade superior. Em qualquer dos casos, a visão é produto das circunstâncias e não se repete simplesmente porque se não repetem as condições necessárias.

Permanece, porém, certo número de casos insolúveis em que se trata de um caso único de indiscutível clarividência, tratando-se, contudo, de circunstâncias inteiramente triviais e sem importância. Acerca desses casos só podemos formar hipóteses; as condições que os governam não pertencem, evidentemente, ao plano físico, e seria preciso que examinássemos separadamente cada caso antes que pudéssemos dar qualquer opinião segura sobre as suas causas. Em alguns deles resultou que se tratava de uma entidade astral que se estava esforçando por fazer uma comunicação e não conseguia transmitir ao indivíduo senão um detalhe sem importância dessa comunicação – porque a parte essencial e útil não conseguia, por qualquer razão, entrar na consciência desse indivíduo.

Na investigação dos fenômenos da clarividência, todos esses tipos, e muitos outros, se encontrarão, e não faltarão alguns casos de simples alucinação, que terão de ser rigorosamente excluídos da lista de exemplos. O estudioso de um assunto deste precisa ter um fundo inesgotável de paciência e de perseverança, mas, se continuar com tenacidade, começará vagamente a perceber a ordem que existe por detrás do caos, e pouco a pouco irá tendo alguma noção das grandes leis pelas quais toda a evolução se rege.

Muito o auxiliará nesses estudos a adoção da ordem que acabamos de seguir – isto é, se começar por se tornar conhecedor, tanto quanto lhe sejá possível, dos fatos verdadeiros com respeito aos planos de que a clarividência vulgar trata. Se aprender o que se pode realmente ver com a visão astral e etérica, e quais são as suas respectivas limitações, então terá, por assim dizer, uma bitola pela qual ajuíze dos casos que observar. Visto que todos os casos de visão parcial devem necessariamente entrar para qualquer escaninho dessa classificação, o estudioso, se tiver sempre presente a linha geral do esquema, verá que lhe é relativamente fácil, com alguma prática, classificar os casos que venha a encontrar.

Nada ainda dissemos quanto às possibilidades ainda mais maravilhosas da clarividência no plano mental, nem, na verdade, é preciso dizer muito a esse respeito, visto ser extremamente improvável que o investigador encontre casos desses, exceto entre discípulos educados em qualquer das mais altas escolas de ocultismo. Para eles, essa visão abre ainda um outro mundo, inteiramente novo, muito mais vasto do que todos os outros abaixo dele – um mundo onde tudo quanto podemos imaginar de glória e de esplendor supremos é apenas o vulgar e o normal da vida. Alguns detalhes a respeito dessa maravilhosa faculdade, da felicidade espantosa que dá, de suas magníficas oportunidades para aprender e trabalhar vêm no sexto dos nossos manuais teosóficos, que o estudioso deve consultar sobre esse assunto.

Tudo o que esse plano tem a dar – tudo, pelo menos, quanto ele pode assimilar – está ao alcance do discípulo educado, mas que o clarividente sem educação o possa tocar, não passa da mais vaga das possibilidades. Tem-se feito isso em transe mesmérico, mas o caso é de uma raridade extrema, porque exige qualificações quase sobre-humanas no sentido de alta aspiração espiritual e absoluta pureza de pensamento e de intenção, tanto da parte do hipnotizado como do hipnotizador.

A um tipo de clarividência tal como este, e, ainda mais, àquele que pertence ao plano imediatamente superior, o nome de visão espiritual pode, na verdade, ser dado; e, visto que todo o mundo celestial, para o qual ele nos abre os olhos, nos cerca aqui e agora, é próprio que a nossa referência passageira lhe seja feita ao tratarmos da clarividência simples, ainda que se torne necessário tornar a aludir a esse poder quando tratarmos da clarividência no espaço, da qual passamos a falar.

4. CLARIVIDÊNCIA NO ESPAÇO: INTENCIONAL

Definimo-la como sendo a capacidade de ver acontecimentos ou cenas afastadas do vidente no espaço e longe demais para a observação usual. Os casos dessa visão são tantos e tão variados que veremos ser preciso uma classificação um pouco mais detalhada deles. Não importa muito qual o critério de que nos servimos para tal classificação, logo que ele seja suficientemente largo para incluir todos os casos que encontremos; talvez um critério cômodo seja o de os agrupar sob as classes de clarividência no espaço, intencional e não intencional, com uma classe intermédia, descritível como semi-intencional – um título curioso, é certo, mas que adiante explicarei.

Como dantes, começarei por dizer o que é possível nesse sentido ao vidente inteiramente instruído e tentarei explicar como opera essa faculdade e dentro de que limites se revela, Depois disso, estaremos em melhor situação para tentar compreender os múltiplos exemplos de visão parcial e não educada. Consideremos, em primeiro lugar, a clarividência intencional.

É evidente, do que antes se disse sobre o poder de visão astral, que qualquer pessoa que a possua completamente será capaz de, por meio dela, ver quase tudo o que quiser ver neste mundo. Os mais recônditos lugares estão patentes à sua vista e não há para ela obstáculos intermédios, dada a mudança em seu ponto de vista; de modo que, se lhe concedermos o poder de se deslocar de um lado para o outro com o corpo astral, ela poderá, sem dificuldade, ir a toda a parte e ver tudo dentro dos limites do planeta. De resto, isto é-lhe, mesmo, em grande parte possível sem que haja de deslocar o seu copro astral, como adiante se verá.

Consideremos um pouco mais de perto os métodos pelos quais essa vista superfísica pode ser empregada para observar acontecimentos que se estão passando à distância. Quando, por exemplo, um indivíduo na Inglaterra vê em seus mínimos detalhes qualquer coisa que está acontecendo no momento na Índia ou na América, como é que isso se dá?

Apareceu uma hipótese engenhosíssima para explicar o fenômeno. Supôs-se que cada objeto esteja perpetuamente emanando radiações em todas as direções de algum modo semelhantes (salvo em serem infinitamente mais tênues) aos raios de luz, e que a clarividência não passa do poder de ver por essas mais tênues radiações. Nesse caso, a distância não constituiria obstáculo à vista, pois que todos os objetos intermédios seriam penetráveis por esses raios, e estes poderiam entrecruzar-se até ao infinito em todas as direções sem se embrulharem, exatamente como acontece às vibrações da luz usual.

Ora, ainda que não seja esta a maneira de operar da clarividência, a teoria é, ainda assim, perfeitamente verdadeira na maioria de seus postulados. Não há dúvida de que cada objeto constantemente está irradiando em todas as direções, e é precisamente desse modo, ainda que em um plano superior, que os registros akâshicos parecem ser formados. Desses registros será necessário que tratemos na seção seguinte, e por isso basta, por enquanto, que apenas os mencionemos. Os fenômenos de psicometria dependem também dessas emanações, como adiante será explicado.

Há, porém, certas dificuldades práticas no uso dessas vibrações etéricas (porque é isso, é claro, o que elas são) como meio de ver qualquer coisa que esteja acontecendo à distância. Os objetos interpostos não são inteiramente transparentes e como os atores na cena que o experimentador quisesse observar seriam pelo menos tão transparentes como eles, é evidente que se correria o risco de séria confusão.

A dimensão adicional que entraria em jogo se fossem astrais, em vez de etéricas, as emanações sentidas, afastaria algumas das dificuldades, mas, por seu turno, traria novas complicações, de outro gênero; de modo que, para fins práticos, ao tentarmos compreender a clarividência, o melhor será que afastemos essa hipótese das radiações e passemos a considerar os métodos de visão à distância que presentemente estão ao alcance do estudioso desse assunto. Veremos que esses métodos são cinco, dos quais quatro são na verdade propriedades da clarividência, ao passo que o quinto não entra propriamente nessa classe, visto que pertence ao domínio da magia. Comecemos por este, para que desde já o afastemos.

1 – Pelo auxílio de um espírito da natureza. Esse método não implica, necessariamente, a posse de qualquer faculdade psíquica do experimentador; basta que ele saiba como fazer com que qualquer habitante do mundo astral o sirva em suas investigações. Isso pode ser feito quer por invocação, quer por evocação; isto é, o operador pode, ou persuadir, por meio de orações e ofertas, o seu auxiliar astral a dar-lhe o auxílio de que carece, ou obrigá-lo a fazê-lo pelo exercício de uma vontade altamente desenvolvida.

Esse método tem sido muito empregado no Oriente (onde a entidade utilizada é, em geral, um espírito da natureza) e na velha Atlântida, onde os "senhores da face negra" empregavam para esse fim uma variedade altamente especializada e requintadamente venenosa de elemental artificial. Por vezes, obtém-se informação da mesma maneira em sessões espíritas hodiernas, mas, nesse caso, o mensageiro empregado é mais frequentemente um indivíduo recém-morto funcionando com maior ou menor liberdade no plano astral – ainda que, por vezes, seja um espírito da natureza amável, que se entretenha fazendo-se passar por um parente morto de qualquer indivíduo. Em qualquer dos casos, como disse, esse método não é clarividente, mas sim mágico; e se aqui a ele nos referimos, é apenas para que o leitor não caia em confusão ao querer classificar sob qualquer das seções seguintes um ou outro caso de seu emprego.

2 – Por meio de uma corrente astral. É essa uma expressão que frequentes vezes e sem grande justeza tem sido empregada em livros teosóficos, de modo a abranger uma grande variedade de fenômenos, entre os quais aqueles que vou explicar. O que o operador, que adote esse método, realmente faz, não é tanto pôr em movimento uma corrente na matéria astral, mas erguer uma espécie de telefone temporário por meio de tal corrente.

É impossível dar aqui qualquer explicação detalhada da fisíca astral, nem eu tenho para isso os conhecimentos necessários; basta, porém, que eu diga que é possível fazer na matéria astral um nítido fio de comunicação que sirva de fio telegráfico para transportar vibrações, por meio das quais se pode ver tudo o que está acontecendo na outra extremidade. Esse fio é estabelecido, entenda-se bem, não por uma projeção direta no espaço de matéria astral, mas por uma ação tal sobre uma linha (ou, antes, muitas linhas) de partículas dessa matéria que as torne capazes de formar um fio condutor para vibrações do gênero que se deseja.

Essa ação preliminar pode ser conseguida de duas maneiras – quer pela transmissão de energia de partícula a partícula, até que a linha ou fio esteja formado, ou pelo emprego de uma força de um plano superior que seja capaz de agir simultaneamente sobre toda a linha. É claro que esse último método implica um desenvolvimento muito maior, visto implicar o conhecimento de (e o poder de usar) forças de um nível muito superior; de modo que o indivíduo que desse modo pudesse construir o seu fio não precisaria, para seu uso, de fio nenhum, visto que lhe seria possível ver de uma maneira muito mais fácil e completa empregando uma faculdade muito mais elevada.

Mesmo a operação puramente astral, aliás, muito mais simples, é difícil de descrever, ainda que não custe executá-la. Pode-se dizer que é mais ou menos do gênero da magnetização de um varão de aço; porque consiste do que podemos dominar a polarização, por um esforço da vontade humana, de um número de linhas paralelas de átomos astrais indo desde o operador à cena que deseja observar. Todos os átomos sobre que assim se age ficam, enquanto a operação dura, com os seus eixos rigidamente paralelos uns aos outros, de sorte que formam uma espécie de tubo temporário pelo qual o clarividente pode espreitar. Esse método tem a desvantagem de que o fio telegráfico é suscetível de ser desarranjado ou mesmo destruído por qualquer corrente astral bastante forte que aconteça atravessar-se-lhe no caminho; mas se o esforço inicial de vontade foi suficientemente nítido, é essa uma contingência que poucas vezes se dará.

A vista de uma cena distante obtida por meio dessa "corrente astral" tem fortes semelhanças com a visão através de um telescópio. As figuras humanas parecem em geral muito pequenas, como as sobre um palco distante, mas, apesar de seu pequeno tamanho, são tão nítidas como se estivessem perto. Às vezes, é possível, por esse meio, não só ver como também ouvir o que se está passando; mas, como na maioria dos casos tal não acontece, devemos considerar esse fenômeno antes como a manifestação de um poder adicional do que como necessariamente um corolário dessa ordem de clarividência.

Notar-se-á que, nesse caso, o vidente, em geral, não abandona o seu corpo físico; não há espécie alguma de projeção de seu corpo astral ou de qualquer parte de si em direção àquilo para que está olhando; ele simplesmente fabrica para si um telescópio astral temporário. Por isso, está, até certo ponto, de posse de suas faculdades físicas, mesmo no momento de examinar a cena distante; por exemplo, estará de posse de sua voz, de modo que lhe será possível descrever o que está vendo, no próprio momento em que o está vendo. A consciência do indivíduo está, de fato, ainda do lado de cá do fio.

Esse fato, porém, tem as suas limitações, como as suas vantagens, e essas limitações também em muito se parecem com as do indivíduo que emprega um telescópio no plano físico. O experimentador, por exemplo, não pode deslocar esse ponto de vista; o seu telescópio tem, por assim dizer, certo campo de visão que não pode ser aumentado ou alterado; está olhando para a cena de determinado lado, e não pode, de repente, virá-la e ver como ela é do lado de lá. Se tem suficiente energia psíquica, pode largar esse telescópio e fabricar para si outro, inteiramente novo, que lhe permita ver a cena de um modo já um pouco diferente; mas não é este um processo que seja natural que se adote na prática.

Mas, objetar-se-á, o mero fato de ele estar empregando a visão astral deve dar-lhe o poder de ver a cena de todos os lados simultaneamente. Assim seria se ele estivesse empregando essa visão do modo normal sobre um objeto que lhe estivesse próximo – dentro de seu alcance astral, por assim dizer; mas a uma distância de centenas ou de milhares de quilômetros, o caso toma uma feição muito diferente. A vista astral dá-nos a vantagem de uma nova dimensão, mas, mesmo assim, ainda há o fato chamado "posição" nessa dimensão, e ele é, naturalmente, um fator importante em limitar o uso dos poderes de seu plano. A nossa vulgar visão tridimensional dá-nos o poder de vermos simultaneamente todos os pontos do interior de uma figura bidimensional, como, por exemplo, um quadrado, mas, para o podermos fazer, esse quadrado tem de estar razoavelmente próximo dos nossos olhos; a mera dimensão a mais de nada servirá a um indivíduo em Londres se quiser examinar um quadrado em Calcutá.

A vista astral, quando é limitada, por ser dirigida pelo que é, para todos os fins práticos, um tubo, sofre limitações quase idênticas às da vista física em circunstâncias análogas; ainda que, se for perfeitamente possuída, consiga revelar, mesmo a tão grande distância, as auras, e, portanto, as emoções e a maioria dos pensamentos dos indivíduos observados.

Há muita gente para quem esse tipo de clarividência se torna muito mais fácil se tiverem à mão qualquer objeto físico de que se possam servir para ponto de partida de seu tubo astral – um foco conveniente para a sua vontade. Uma esfera de cristal é o mais vulgar e o mais cômodo desses focos, visto que tem a vantagem adicional de conter qualidades que excitam a atividade psíquica; mas outros objetos se empregam, aos quais teremos ocasião de nos referir quando viermos a tratar da clarividência semi-intencional.

Tratando ainda dessa forma de clarividência pela corrente astral, veremos que há "psíquicos" que não são capazes de a empregar, salvo quando sob influência hipnótica. O que há de peculiar nesse caso é que há duas variedades desses "psíquicos" – uma em que o indivíduo, uma vez assim liberto, consegue, por si, fazer o telescópio, e outra em que é o próprio magnetizador que constrói o telescópio, pelo qual o influenciado simplesmente espreita. Nesse último caso, trata-se de um indivíduo que não tem suficiente vontade para construir, ele próprio, o tubo, e de um hipnotizador que, ainda que possuindo essa vontade, não é, por sua vez, clarividente, porque, se o fosse, seria capaz de espreitar pelo próprio telescópio sem precisar de auxílio.

Por vezes, ainda que raramente, o tubo possui outro dos

atributos de um telescópio – o de aumentar o tamanho dos objetos sobre o que é dirigido até que eles pareçam de tamanho natural. Está claro que os objetos têm sempre de ser aumentados até certo ponto, pois, se o não fossem, seriam de todo invisíveis, mas, em geral, as dimensões são determinadas pelo tamanho do tubo astral, e toda a cena não passa de pequeníssima fita cinematográfica. Nos poucos casos em que as figuras aparecem de tamanho natural, o mais provável é que se trate dos primeiros indícios de uma faculdade inteiramente nova; mas, quando isso acontece, é preciso uma observação cuidadosa para que se não confundam com os casos da seção que segue.

3 – Pela projeção de uma forma-pensamento. A capacidade de usar esse método de clarividência implica um desenvolvimento um pouco mais avançado do que o último de que se tratou, visto para ele ser preciso certa dose de domínio no plano mental. Todos os estudiosos da Teosofia sabem que o pensamento toma uma forma, pelo menos no plano a que pertence, e, na grande maioria dos casos, também no plano astral; mas, talvez não seja tão conhecido o fato de que, se um indivíduo pensar fortemente que está em um lugar qualquer, a forma assumida por esse pensamento será uma semelhança do próprio pensador que aparecerá no lugar de que se trata.

Em sua essência, essa forma tem de ser composta de matéria do plano mental, mas, em muitos casos, rodear-se-ia também de matéria do plano astral, e, assim, muito mais se aproximaria da visibilidade. Há, de fato, muitos casos em que se torna visível à pessoa de quem se pensou – o que, provavelmente, acontece pela inconsciente influência mesmérica emanando do pensador inicial. Essa forma-pensamento, porém, nada levaria em si da consciência do pensador. Uma vez emanada dele, seria normalmente uma entidade inteiramente à parte – não, é certo, sem relação alguma com o seu criador, mas à parte dele, pelo menos no que diz respeito à possibilidade de receber qualquer impressão.

Esse terceiro tipo de clarividência consiste, pois, no poder de manter tanta ligação com, e tanto poder sobre, uma forma-pensamento recém-emitida que seja possível receber impressões por meio dela. As impressões que a forma receber serão, nesse caso, transmitidas ao pensador – não, como antes, por meio do fio telegráfico astral, mas por vibração simpática. Em um caso perfeito desse gênero de clarividência, é exatamente como se o pensador projetasse uma parte de sua consciência para dentro da forma-pensamento e a usasse como uma espécie de vigia, através da qual lhe fosse possível observar. Ele vê tão bem como se estivesse ele próprio no lugar onde está a sua forma-pensamento.

As figuras para que estiver olhando parecer-lhe-ão de tamanho natural e próximas, em lugar de pequenas e à distância, como no caso anterior; e verá que lhe é possível deslocar, querendo, o seu ponto de vista. A clariaudição acompanha talvez menos frequentemente esse tipo de clarividência do que o anterior, mas o seu lugar é até certo ponto tomado por uma espécie de percepção mental dos pensamentos e das intenções daqueles que estão sendo vistos.

Visto que a consciência do indivíduo está ainda no corpo físico, ser-lhe-á possível, mesmo no momento em que estiver exercendo essa faculdade, ouvir e falar, tanto quanto lhe seja possível fazê-lo sem quebra de sua atenção. Logo que lhe falhe a concentração de seu pensamento, toda a visão desaparece e ele terá de construir uma nova forma-pensamento antes que a possa continuar. Os casos em que esse gênero de visão acontece com sensível relevo a indivíduos sem instrução são, como é de supor, mais raros do que com respeito ao tipo anterior, por causa da capacidade de domínio mental que é preciso e a natureza em geral sutil das forças que entram em ação.

4 – Viajando no corpo astral. Trata-se, agora, de uma variedade inteiramente nova de clarividência, na qual a consciência do vidente já não permanece em seu corpo físico ou em íntima relação com ele, mas se transporta nítidamente à cena que está examinando. Ainda que tenha, sem dúvida, maiores perigos para o vidente não instruído do que qualquer dos métodos já descritos, é, ainda assim, a melhor e mais completa forma de clarividência que lhe é possível, porquanto aquela forma imen samente superior, de que trataremos em quinto lugar, não é possível senão aos operadores altamente educados.

Nesse caso, o corpo do indivíduo está ou em sono ou em transe, e os seus órgãos não são, portanto, utilizáveis enquanto a visão dura, de modo que toda a descrição do que se vê e todas as perguntas a propósito de detalhes têm de ficar para quando o viajante regressa ao plano físico. Mas a visão dessa ordem é muito mais completa e mais perfeita; o indivíduo ouve, assim como vê, tudo quanto perante ele se passa, e pode mover-se livremente, conforme queira, dentro dos limites larguíssimos do plano astral. Pode ver e estudar com vagar todos os outros habitantes desse plano, de modo que o grande mundo dos espíritos da natureza (do qual o tradicional país das fadas não é senão uma parte pequeníssima) lhe está patente, assim como aquele de alguns dos devas[1] menores.

Tem também a enorme vantagem de poder, por assim dizer, tomar parte nas cenas que se passam à sua vista, e de conversar livremente com essas várias entidades astrais, com que tanto, de curioso e de interessante, há a aprender. Se, além disso, pode aprender a materializar-se (o que não apresenta grande dificuldade, uma vez que ele saiba como isso se faz), poderá tomar parte em acontecimentos físicos ou conversas passadas a grande distância, e mostrar-se a um amigo ausente sempre que assim queira.

Tem, além disso, a faculdade de poder procurar o que deseja. Por meio das outras variedades de clarividência, que antes descrevemos, ele realmente só poderia encontrar um lugar ou uma pessoa se já os conhecesse, ou então pondo-se em ligação com eles pelo contato com qualquer coisa física a eles relacionada, como na psicometria. É verdade que no terceiro dos métodos que descrevemos, é possível certo movimento, mas o processo é lento e difícil, exceto para distâncias muito pequenas.

Pelo uso do corpo astral, porém, um indivíduo pode deslocar-se livre e prontamente em qualquer direção; pode (por exemplo) encontrar sem dificuldade um lugar apontado em um mapa, mesmo sem prévio conhecimento do lugar ou razão especial para estabelecer uma ligação com ele. Pode também, com facilidade, subir ao ar de modo a obter uma vista de conjunto

1 Os devas compõem uma hierarquia potente, em uma escala de gradações.+ O termo deva costuma ser aplicado a qualquer dos seres desse reino: desde um pequeno ente construtor de moldes etérico-físicos até grandes arcanjos que sustentam a vida manifestada de galáxias inteiras. Os devas menores são os integrantes do reino dévico responsáveis pela proteção dos pequenos entes da natureza, como os elementais, animais e plantas. [Nota do editor]

do país que está examinando, para saber a sua extensão, o contorno de suas costas ou o aspecto geral de sua paisagem. Na verdade, de todas as maneiras o seu poder e a sua liberdade são muitos maiores quando emprega esse método do que em qualquer dos casos anteriores.

Um bom exemplo da plena posse dessa faculdade é citada, reportando-se ao escritor alemão Jung Stilling, por Mrs. Crowe em seu livro *O Lado Noturno da Natureza* (p. 127). A história se refere a um vidente que se diz ter residido nos arrabaldes de Filadélfia, na América. Os seus hábitos eram solitários e reservados; era grave, bondoso e de índole religiosa, nada se dizendo contra o seu caráter; salvo que tinha a reputação de estar de posse de alguns segredos que não eram considerados como sendo de todo lícitos. Dele se contavam muitas histórias extraordinárias, e entre elas a seguinte:

A esposa de um comandante de navios (o qual tinha ido em viagem à Europa e à África, e de quem ela havia tempos não recebera notícias), apoquentada com esse fato, decidiu dirigir-se a esse indivíduo. Tendo ouvido o que ela lhe contou, ele pediu-lhe que o desculpasse um momento, ao fim do qual lhe traria a informação que ela desejava. Dito isso, entrou para um quarto interior e ela sentou-se a esperar que ele voltasse; como, porém, se demorasse mais do que ela esperava, ela, na sua impaciência, julgando que ele se esquecera, aproximou-se da porta para o outro quarto e espreitou por fenda qualquer. Foi grande a sua surpresa quando o viu estendido sobre um sofá, imóvel como se estivesse morto. Achando bom não o interromper, sentou-se outra vez e esperou que ele voltasse. Ao voltar, ele disse-lhe que o marido lhe não tinha podido escrever por várias razões, que enumerou, mas que estava ao momento em um café em Londres e dentro em pouco regressaria à América.

O comandante chegou daí a pouco, e, como a senhora lhe ouvisse dar para o seu prolongado silêncio precisamente as mesmas causas que o indivíduo tinha indicado, ficou com grande desejo de averiguar a verdade do resto da informação que lhe havia sido dada. Isso conseguiu, porque o capitão, mal pôs a vista em cima do mago, disse que já o tinha visto certo dia, num café de Londres, onde ele lhe tinha dito que a sua esposa estava muito inquieta a seu respeito, ao que ele (comandante) tinha respondido dando as razões por que não escrevera e acrescentando que em breve embarcaria para a América. Depois, ele perdera de vista o estranho, no meio da multidão, e nada mais sabia a seu respeito.

Não temos agora, é claro, maneira alguma de saber que razões tinha Jung Stilling para crer na verdade desse caso, ainda que ele se declare plenamente satisfeito com as fontes onde o colheu; mas tanta coisa parecida se tem dado que não há razão para duvidar de sua autenticidade. O vidente deve, porém, ter desenvolvido a sua faculdade, ou por si, ou em quaquer outra escola que aquela de onde se deriva a informação teosófica; porque no nosso caso há uma regra bem explícita proibindo expressamente aos discípulos que deem desse poder qualquer manifestação que possa ser nitidamente verificada de um lado e do outro, como o caso citado, e constituir aquilo a que se chama um "fenômeno". Que essa regra é bem prudente, prova-o, perante todos quantos conheçam alguma coisa da história de nossa Sociedade, o resultado desastroso que produziu uma pequeníssima e temporária quebra dela.

Citei alguns casos modernos, quase paralelos ao que se citou no meu livrinho ***Auxiliares Invisíveis***. O caso de uma senhora que conheço muito bem, e frequentemente assim aparece a amigos ausentes, é citado pelo sr. Stead em ***Histórias Verdadeiras de Espectros*** (p. 27); e o sr. Andrew Lang relata, em seu livro ***Sonhos e Espectros*** (p. 89), como o sr. Cleave, então em Portsmouth, apareceu intencionalmente duas vezes a uma senhora que estava em Londres, assustando-a bastante. Há grande número de testemunhos sobre o assunto, como pode verificar quem o quiser estudar a sério.

A realização de visitas astrais intencionais parece muitas vezes tornar-se possível, quando os princípios se estão desligando com a aproximação da morte, a pessoas que seriam incapazes de tal fazer em qualquer outra ocasião. Há ainda mais exemplos dessa classe do que da outra; resumo aqui um, muito bom, mencionado pelo sr. Andrew Lang, à p. 100 do livro citado – um exemplo de que o autor diz que "não há muitas histórias que tenham em seu favor testemunho tão completo".

Mary, esposa de John Goffe, de Rochester, tendo caído de cama com uma longa doença, foi transportada para a casa de seu pai, em West Malling, a umas nove milhas de distância de sua própria casa.

No dia antes de morrer, tornou-se impacientemente desejosa de ver os seus dois filhos, que tinha deixado em casa, ao cuidado de uma ama. Mas estava doente demais para que a pudessem transportar, e entre a uma hora e as duas da madrugada, caiu em transe. Uma viúva de nome Turner, que estava velando essa noite ao lado do leito, diz que os seus olhos estavam abertos e fixos e o queixo caído. Mrs. Turner pousou-lhe a mão sobre a boca, mas não pôde sentir respiração alguma. Julgou-a num ataque, nem tinha a certeza se ela estava viva ou morta.

Na manhã seguinte, a moribunda disse à mãe que tinha estado em casa, com os filhos, explicando: "Estive com eles a noite passada, enquanto dormia".

A ama, que estava em Rochester, uma viúva chamada Alexander, afirma que um pouco antes das duas horas da madrugada viu a imagem da dita Mary Goffe sair do quarto ao lado (onde a mais velha das duas crianças estava dormindo), pois que a porta entre os dois quartos ficara aberta, e demorar-se perto de um quarto de hora à beira do leito dela (ama), onde estava, a seu lado, dormindo, a criança mais nova. Os olhos moviam-se e a boca também, mas não disse nada. A ama acrescenta que estava perfeitamente acordada; já era dia, pois que era esse um dos dias mais longos do ano. Sentou-se na cama e olhou fixamente para a aparição. Nessa altura, ouviu o relógio da ponte dar duas horas, e pouco depois dirigiu-se à imagem, dizendo: "Em nome do Padre, do Filho e do Espírito Santo, o que és tu?". Então, a aparição afastou-se e desapareceu; a ama vestiu-se e seguiu, mas não pôde ver o que fora feito da imagem.

A ama parece ter ficado mais assustada com o desaparecimento da imagem do que com a presença dela, porque, depois disso, teve medo de ficar dentro de casa e passou o resto do tempo, até às seis horas, a passear fora da porta para um lado e para outro. Quando os vizinhos acordaram, ela contou-lhes tudo, e eles, é claro, diseram que ela o tinha sonhado; ela, como é natural, repudiou calorosamente essa ideia, mas não pôde conseguir que se desse algum valor às suas palavras, senão quando chegou a notícia do que se tinha passado do outro lado, em West Malling, e então houve quem pensasse que talvez a história não fosse inteiramente um sonho.

O que há de notável nesse caso é que à mãe foi preciso passar do sono vulgar para a condição, mais profunda, do transe, antes que pudesse conscientemente visitar os filhos; há, porém, vários casos análogos que é possível respigar entre o vasto número deles, que se encontra nos livros que versam sobre tal assunto.

Dois outros casos de tipo exatamente semelhante – em que uma mãe moribunda, desejando ardentemente ver os seus filhos, cai em sono profundo, visita-os e regressa a si, dizendo que os visitou – são contados pelo dr. F.G. Lee. Em um deles, a mãe moribunda, no Egito, aparece aos filhos em Torquay, e é vista nítidamente e em plena luz do dia, por todos os cincos filhos e também por uma criada que os acompanhava (***Vislumbres do Sobrenatural***, vol. II, p. 64). Em outro, uma senhora quaker, moribunda, em Cockermouth, é vista e reconhecida em pleno dia em Seattle pelos seus três filhos, sendo o resto da história mais ou menos semelhante ao da outra (***Vislumbres no Crepúsculo***, p. 94). Ainda que esses casos sejam menos conhecidos do que o de Mary Goffe, a evidência em favor de sua autenticidade parece ser tão boa como naquele, como se verá pelos testemunhos aduzidos pelo reverendo autor dos livros de onde os citamos.

O homem que possui completamente esse quarto tipo de clarividência tem ao seu dispor muitas e grandes vantagens, mesmo além das que já referimos. Não só pode visitar sem trabalho ou despesa todos os lugares famosos e belos da Terra, como, se é um erudito, considerai o que vale para ele o poder de visitar todas as bibliotecas do mundo! Que prazer não deve dar ao indivíduo de mentalidade científica o poder de assistir a tantos dos processos da química secreta da natureza, ou ao filósofo o ver revelado a seus olhos muito e muito mais do que antes sabia dos mistérios da vida e da morte! Para ele, aqueles que saíram deste plano não são já mortos, mas vivos e ao seu alcance durante muito tempo ainda; para ele, muitas das concepções religiosas são já matéria, não de fé, mas de conhecimento. E, além de tudo, ele pode unir-se ao exército dos auxiliares invisíveis e ser útil em grande escala. Sem dúvida que a clarividência, mesmo quando limitada ao plano astral, é um grande benefício para o indivíduo.

Por certo que tem também os seus perigos, sobretudo, para os não instruídos; o perigo das entidades malignas de várias espécies, que podem assustar ou atacar aqueles que se deixam perder a coragem de as encarar ousadamente; o perigo de erro de toda natureza, de conceber mal e interpretar mal aquilo que se vê; e , maior do que todos, o perigo de criar a vaidade desse poder e julgar impossível o erro por meio dela. Mas uma pequena dose de bom senso e de experiência deve salvar o indivíduo desses escolhos.

5 – Viajando no corpo mental. Trata-se, simplemente, de uma forma mais alta, e, por assim dizer, sublimada, do tipo que acabamos de descrever. O instrumento empregado já não é o corpo astral, mas o mental – um instrumento, portanto, pertencente ao plano mental, e tendo em si todas as potencialidades do maravilhoso sentido desse plano, tão transcendente em sua ação e contudo tão impossível de descrever. Um indivíduo funcionando nesse corpo deixa atrás o seu corpo astral, junto com o físico, e se, por qualquer razão, deseja mostrar-se sobre o plano astral, não manda buscar o seu corpo astral, mas, apenas por um simples ato de vontade, materializa um para o seu fim temporário. A uma materialização astral dessas chamam, às vezes, *mâyâvirüpa*, e, para a formar a primeira vez é, em geral, preciso o auxílio de um mestre qualificado.

As enormes vantagens dadas pela posse desse poder são a capacidade de entrar na glória e na beleza da terra superior da felicidade, e a posse, mesmo quando operando no plano astral, do sentido mental, muito mais compreensivo, que revela ao estudioso tantas extraordinárias visões de conhecimento, tornando o erro, pode-se dizer que impossível. Esse voo altíssimo, porém, é possível apenas ao indivíduo instruído, visto que só depois de uma instrução especial é que um indivíduo no atual estágio evolutivo da humanidade pode aprender a empregar o seu corpo mental como instrumento.

Antes de abandonarmos o assunto da clarividência plena

e intencional, será bom dedicar algumas palavras a responder a algumas perguntas, que, em geral, lembram aos estudiosos sobre as limitações dessa faculdade. Ao vidente será possível, muitas vezes se pergunta, encontrar qualquer pessoa com quem deseje se comunicar, esteja ela viva ou morta?

A resposta a essa pergunta terá de ser uma afirmativa condicional. Sim, será possível encontrar qualquer pessoa se o experimentador puder, de um modo ou de outro, colocar-se em ligação com essa pessoa. Seria inútil lançar-se vagamente nos espaços à procura de um estranho entre os milhões que nos cercam, sem ter qualquer indicação para o encontrar; mas, verdade seja, uma indicação pequeníssima é em geral quanto basta.

Se o clarividente sabe qualquer coisa do indivíduo que procura, não terá dificuldade em encontrar, porque cada indivíduo tem aquilo a que se pode chamar uma nota musical que o caracteriza – uma nota que é a expressão dele como conjunto, produzida talvez por uma espécie de média dos graus de vibrações de todos os seus instrumentos diferentes em seus respectivos planos. Se o operador sabe descobrir essa nota e vibrá-la, ela fará, por vibração simpática, com que a atenção do indivíduo, esteja ele onde estiver, seja atraída e acordará nele uma resposta imediata.

Que o homem esteja vivo ou recém-morto não fará para o caso diferença alguma, e a clarividência da quinta classe encontrá-lo-ia imediatamente mesmo entre os inúmeros milhões no mundo celestial, se bem que, nesse caso, o indivíduo procurado não teria consciência de o estarem observando. Claro está que um vidente cuja consciência não esteja mais alta de que o plano astral – que empregue, portanto, um dos primeiros métodos de vidência – não será capaz de encontrar um indivíduo no plano mental; mas, mesmo este saberá ao menos que o indivíduo está nesse plano, pelo simples fato de a vibração da nota até ao nível astral não produzir resposta alguma.

Se o indivíduo procurado for inteiramente estranho ao operador, este precisará de qualquer coisa relacionada com ele para pô-lo na pista – um retrato, uma carta por ele escrita, um objeto que lhe pertenceu e se ache impregnado de seu magnetismo pessoal; qualquer dessas coisas servirá nas mãos de um vidente experiente.

Torno a lembrar que não se deve crer que os discípulos que aprenderam a usar essa arte têm a liberdade de estabelecer uma espécie de escritório de informações pelo qual se possa comunicar com parentes perdidos ou mortos. Um recado dado deste lado para um desses poderá ou não ser passado para ele, conforme as circunstâncias, mas, mesmo que fosse, o mais provável é que se não receba resposta, visto que então a transação entraria na categoria de um fenômeno – isto é, qualquer coisa que se podia provar no plano físico ter sido um ato de magia.

Outra pergunta, que muitas vezes surge, é se no ato de visão psíquica há qualquer limitação quanto à distância. A resposta parece que deve ser que não deve haver limite senão o dos respectivos planos. Devemos não esquecer que os planos astral e mental da nossa Terra são tão nitidamente seus como a sua atmosfera, ainda que se estendam muito mais para além dela, mesmo no nosso espaço tridimensional do que o próprio ar. Por isso, a passagem para, ou a visão detalhada de, outros planetas, não seria possível a qualquer sistema de clarividência relacionado com esses planos. É na verdade perfeitamente possível e fácil ao indivíduo que elevou a sua consciência até ao plano búdico passar para qualquer dos outros globos pertencentes à nossa cadeia de mundos, mas isso já não pertence ao assunto de que tratamos.

Ainda assim, uma boa dose de informação adicional acerca de outros planetas pode ser obtida pelo uso das faculdades clarividentes que descrevemos até agora. É possível tornar a vista enormemente mais clara passando para fora das constantes perturbações da atmosfera terrestre, e também não é difícil aprender como investir-se de um poder de aumentar muito elevado, de modo que mesmo pela clarividência usual se pode obter uma quantidade de conhecimentos astronômicos muito interessante. Mas, no que respeita a esta Terra e ao que imediatamente a cerca, pode dizer-se que não há limites.

5. Clarividência no espaço: semi-intencional

Sob esse título um pouco estranho reúno os casos de todos os indivíduos que claramente se propuseram a ver qualquer coisa, mas sem terem noção do que essa coisa seria, nem domínio sobre a vista desde que hajam começado as visões – Micawbers psíquicos, que se colocam em uma situação puramente receptiva e passam a esperar que qualquer coisa aconteça. Muitos médiuns de transe entrarão nessa categoria; ou se hipnotizam a si próprios, de qualquer maneira, ou são hipnotizados por qualquer "espírito-guia", passando depois a descrever as visões que aconteça passarem-lhe diante da vista. Às vezes, porém, quando nesse estado, veem o que se está passando à distância, e assim têm de tomar lugar entre os nossos "clarividentes no espaço".

Mas o grupo maior e mais espalhado desses clarividentes semi-intencionais é o dos vários gêneros de cristalovidentes, aqueles que, como diz o sr. Andrew Lang, "olham para dentro de uma esfera de cristal, de uma taça, de um espelho, de um pingo de tinta (Egito e Índia), de um pingo de sangue (entre os maoris da Nova Zelândia), uma vasilha com água (peles-vermelhas), uma poça de água (Roma e África), água em uma taça de vidro claro (em Fez), ou quase qualquer espécie de superfície polida" (***Sonhos e Espectros***, p. 57).

Duas páginas depois, o sr. Lang dá-nos um ótimo exemplo da espécie de visão que mais frequentemente se consegue dessa maneira:

Tinha eu dado uma esfera de vidro – diz ele – a uma jovem, Miss Baillie, que quase nada conseguiu ver nela. Ela emprestou-a a uma amiga, Miss Leslie, que viu um sofá antigo, grande, encarnado, coberto de musselina, que veio a encontrar numa casa de campo, que então desconhecia, e dali a dias aconteceu visitar. O irmão de Miss Baillie, um jovem atleta, zombou dessas experiências, levou a esfera para o escritório e daí a pouco reapareceu, mostrando-se um tanto ou quanto perturbado. Admitiu que tinha visto uma visão – alguém que conhecia num quarto iluminado por um candeeiro. Durante a semana havia de descobrir se tinha acertado ou não. Aconteceu isso num domingo, às cinco e meia da tarde.

Na terça-feira, o sr. Baillie estava num baile numa cidade a umas quarenta milhas de distância de casa, e encontrou uma Miss Preston. "No domingo", disse ele, "pelas cinco horas e meia, vi-a; estava sentada ao lado de um lampião, com um vestido que nunca lhe vi, uma blusa azul com rendas sobre os ombros; e estava deitando chá na xícara de um indivíduo com um terno azul, que estava de costas para mim, de modo que da cara apenas lhe vi a guia do bigode".

"Ora essa!" – exclamou Miss Preston. "Então não estavam corridas as cortinas!"

"Eu estava em Dulby" – respondeu o sr. Baillie, e sem dúvida assim fora.

É esse um caso absolutamente típico de cristalovidência – a cena absolutamente exata em todos os seus detalhes, como viram, e contudo absolutamente sem importância e evidentemente sem significação alguma para qualquer das pessoas, a não ser que serviu para provar ao sr. Baillie que a cristalovidência não era pura ilusão. É mais comum, talvez, as visões terem um caráter romântico – indivíduos em trajes estranhos, ou paisagens muito belas, ainda que em geral desconhecidas.

Ora, qual é a explicação dessa espécie de clarividência? Como já indiquei, pertence em geral ao tipo de "corrente astral", e o cristal, ou outro qualquer objeto, constitui simplesmente um foco para a vontade do vidente, um ponto de partida conveniente para o seu tubo astral. Há indivíduos capazes de influenciar pela vontade aquilo que veem, isto é, que têm o poder de apontar o telescópio para onde desejam; mas a grande maioria apenas pode formar um tubo casual e ver simplesmente o que acontece estar ao fim dele.

Às vezes, trata-se, como no caso citado, de uma cena relativamente próxima; outras vezes, a visão será de uma longínqua paisagem do Oriente; outras, ainda, poderá ser o reflexo de qualquer fragmento de um registro akáshico, e então a cena mostrará figuras com qualquer traje antigo, e o fenômeno pertencerá, portanto, à nossa terceira grande classe, a "clarividência no tempo". Diz-se que visões do futuro também às vezes surgem nos cristais; trata-se de um desenvolvimento de visão a que adiante nos referiremos.

Já vi um clarividente empregar, em vez da vulgar superfície brilhante, uma superfície baça, preta – uma mão cheia de carvão em pó em um pires. De resto, parece ter pouca importância o objeto que serve de foco, exceto que o cristal puro tem sobre as outras substâncias a nítida vantagem de o arranjo peculiar de essência elemental ser especialmente excitante das faculdades "psíquicas".

Parece, porém, provável que nos casos onde um pequeno objeto brilhante se emprega – como um ponto luminoso, ou o pingo de sangue dos maoris – o caso seja, realmente, apenas de auto-hipnotização. Entre nações não europeias, a experiência é muitas vezes precedida ou acompanhada por ritos e invocações mágicas, de modo que é muito provável que a visão que se consiga seja realmente não a do indivíduo, mas apenas a de qualquer entidade estranha, e assim o fenômeno será apenas um caso de possessão temporária, e não verdadeiramente de clarividência.

6. CLARIVIDÊNCIA NO ESPAÇO: NÃO INTENCIONAL

Nessa classe podemos reunir todos aqueles casos em que as visões de qualquer acontecimento que se esteja passando à distância surgem inesperadamente e sem qualquer espécie de preparação. Há gente sujeita a esse gênero de visões, ao passo que a muitos tal fenômeno aconteceu apenas uma vez em toda a vida. As visões são de todas as espécies e de todos os graus de perfeição, e podem, aparentemente, ser produzidas por várias causas. Às vezes, a razão da visão é evidente, e o assunto da maior importância; outras vezes, não se pode encontrar razão para ela, e os acontecimentos vistos são dos mais banais e sem relevo.

Às vezes, esses vislumbres da faculdade suprafísica vêm como visões em vigília; outras vezes, revelam-se durante o sono como sonhos vívidos ou repetidíssimos. Nesse último caso, a vista empregada é, em geral, talvez da espécie que descrevemos em nossa quarta subdivisão da clarividência no espaço, porque o indivíduo que dorme viaja frequentemente em seu corpo astral a um ponto qualquer com o qual as suas afeições ou os seus interesses estejam fortemente relacionados, examinando simplesmente o que se esteja pensando nesse ponto; no outro caso, parece mais provável que se esteja dando o segundo tipo de clarividência, por meio da corrente astral. Mas, nesse caso, a corrente ou tubo é formado de modo inteiramente inconsciente, e é muitas vezes o resultado automático de um pensamento ou emoção forte, projetados de uma extremidade ou de outra – do vidente ou do indivíduo visto.

O plano mais simples será o de dar alguns exemplos dos vários gêneros, juntando-lhes as explicações que pareçam necessárias. O sr. Stead coligiu um grande e variado número de casos recentes e bem autenticados em seu livro ***Histórias Verdadeiras de Espectros***, de onde extrairei alguns dos meus exemplos, resumindo-os ligeiramente, por vezes, para poupar espaço.

Há casos em que é imediatamente evidente a qualquer estudioso da Teosofia que o caso excepcional de clarividência foi especialmente produzido por um do grupo a que chamamos os "Auxiliares Invisíveis", com o fim de que auxílio fosse prestado a alguém que dele muito carecia. A essa classe, sem dúvida, pertence o caso relatado pelo capitão Yonnt, de Nova Valley, Califórnia, ao dr. Bushnell, que o conta em seu livro *A Natureza e o Sobrenatural* (p. 14):

Há seis ou sete anos, numa noite de inverno, ele teve um sonho em que viu o que parecia ser um grupo de emigrantes preso pelas neves das montanhas e sucumbindo rapidamente ao frio e à fome. Reparou no aspecto da paisagem, caracterizada, sobretudo, por uma grande mole perpendicular de rochedo branco; viu os homens cortando o que parecia ser cimos de árvores, que saíam de fundos abismos de neve; fixou as próprias fisionomias das pessoas e a expressão geral de angústia que tinham.

Acordou profundamente impressionado com a nítidez e aparente realidade do sonho. Tornou a adormecer, e tornou, com igual vividez, a sonhar o mesmo sonho. De manhã, não conseguiu arrancá-lo do espírito. Encontrando-se, poucas horas depois, com um velho camarada, caçador, contou-lhe o caso, e ainda mais impressionado ficou quando o outro lhe declarou reconhecer imediatamente a paisagem descrita. Esse camarada tinha atravessando a sierra pelo Carson Valley Pass, e disse que havia um lugar nesse trajeto que era exatamente como ele descrevera.

Com isso, o capitão, aliás homem de decisões rápidas, não hesitou. Reuniu um grupo de homens com mulas, cobertores e provisões. Os vizinhos riam de sua credulidade. "Não importa", dizia ele; "posso fazer isto, e não deixarei de o fazer, porque creio, verdadeiramente, que este meu sonho é certo". Os homens foram mandados seguir para cento e cinquenta milhas dali; diretamente para Carson Valley Pass. E lá encontraram toda a companhia exatamente nas condições que o sonho indicara, conseguindo trazer consigo os sobreviventes.

Visto que não consta que o capitão Yonnt tivesse o hábito de ter visões, parece evidente que qualquer Auxiliar, vendo a condição desesperada do grupo de emigrantes, pegou na pessoa impressionável que estava mais próxima e mais útil seria para o caso (calhando ser o capitão) e o transportou ao local no corpo astral, acordando-o suficientemente para que a cena não lhe saísse da memória. Pode ser que o Auxiliar tivesse, em lugar disso, arranjado uma "corrente astral" para o capitão, mas o outro processo é o mais provável. Em todo o caso, o motivo, e mesmo o processo, são, nesse caso, bastante claros.

Às vezes, a "corrente astral" pode ser posta em ação por um forte pensamento emotivo da outra extremidade do fio, e isso pode acontecer mesmo que o pensador não tenha conscientemente desejado que assim seja. No caso, assaz curioso, que vou relatar, é evidente que a ligação se encontra no fato de o doutor pensar constantemente em Mrs. Broughton, ainda que não tivesse um desejo especial de que ela soubesse o que ele na ocasião estava fazendo. Não há dúvida de que se trata desse gênero de clarividência: demonstra-o a fixidez do ponto de vista de Mrs. Broughton – o qual, note se bem, não é o ponto de vista do doutor; simpaticamente transportado (como podia ter acontecido), visto que ela lhe vê as costas sem o reconhecer. O relato encontra-se nos ***Anais da Sociedade de Investigação Psíquica*** (vol. II, p. 160).

Mrs. Broughton acordou de repente, numa noite do ano de 1844, e, acordando o marido, disse-lhe que uma coisa horrível tinha acontecido em França. Ele pediu-lhe que dormisse, e não o incomodasse. Ela respondeu-lhe que não estava a dormir quando viu o que por força lhe quis contar – o que na verdade vira.

Primeiro, um desastre de carruagem – ela não viu o desastre, mas apenas os resultados –, uma carruagem partida, uma multidão, um corpo erquido com cuidado e transportado para a casa mais próxima, e depois, sobre uma cama, uma figura que reconheceu como sendo a do duque de Orleans. Pouco a pouco, viu amigos juntarem-se em torno ao leito – entre eles, vários membros da família real francesa – a rainha, depois o rei, todos silenciosos, chorando, olhando para o duque evidentemente moribundo. Um indivíduo (ela não lhe via senão as costas e não podia saber quem era) era médico. Estava debruçado sobre o duque, tomando lhe o pulso, com o relógio na outra mão. Depois a visão passou, e ela tornou a não ver mais nada.

Logo que raiou o dia, Mrs. Broughton escreveu no seu diário tudo o que tinha visto. Era antes de haver a telegrafia elétrica, e por isso passaram dois ou mais dias antes que o *Times* noticiasse "A Morte do Duque de Orleans". Visitando Paris poucos depois, ela viu e reconheceu o local do desastre e teve também a explicação da impressão que recebera. O médico, que estivera junto do duque moribundo, era um velho amigo dela, e, ao estar ao lado do leito do duque, estava, por qualquer razão, constantemente pensando nela e na sua família.

Um caso mais vulgar é aquele em que uma afeição forte estabelece a precisa corrente; provavelmente, uma corrente relativamente constante de pensamento mútuo está, nesse caso, constantemente passando entre os dois indivíduos, e qualquer súbita precisão ou difícil conjuntura da parte de qualquer deles dá temporariamente a essa corrente o poder de polarização que é necessário para que haja o telescópio astral. Um bom exemplo vem citado nos mesmos *Anais* (vol. I, p. 30).

A 9 de setembro de 1848, no cerco de Mooltan, o general R..., então ajudante do regimento, foi gravemente ferido; e, supondo-se à beira da morte, pediu a um dos oficiais que estavam com ele que lhe tirasse a aliança do dedo e a mandasse à sua esposa, que estava então a boas cento e cinquenta milhas de distância, em Ferozepore.

"Na noite de 9 de setembro de 1848", escreve sua esposa, "estando eu deitada sobre a cama, quase a pegar no sono, vi claramente o meu marido ser levado do campo de batalha, seriamente ferido, e ouvi a sua voz dizendo: 'Tirem-me este anel do dedo e mandem-no à minha mulher'. Durante todo o dia seguinte, não pude arrancar do meu espírito quer a visão, quer a voz que ouvira.

"Depois, vim a saber que o general R... tinha sido gravemente ferido no ataque a Mooltan. Escapou, porém, e ainda vive. Foi só bastante tempo depois do ocorrido que ouvi dizer ao general L..., o oficial que ajudou a conduzir meu marido para fora do campo de batalha, que o pedido a propósito do anel fora realmente feito por ele, exatamente pelas palavras que eu ouvi, na mesma ocasião, em Ferozepore."

Há, depois, aquela grande classe de clarivisões casuais que não têm causa que se possa descobrir – que não têm, aparentemente, sentido algum, ou relação alguma com quaisquer acontecimentos conhecidos do vidente. A esse grupo pertencem muitas das paisagens vistas por algumas pessoas antes de adormecer. Transcrevo um relato, magnífico e fortemente vincado, do livro ***Histórias Verdadeiras de Espectros***, do sr. W.T. Stead (p. 65).

Deitei-me, mas não pude dormir. Fechei os olhos e esperei que o sono chegasse; em vez de sono, surgiram-me, porém, em série, vários quadros clarividentes curiosamente vívidos. Não havia luz no quarto e estava tudo absolutamente escuro; além disso, tinha os olhos fechados. Mas, apesar da escuridão, tive de repente consciência de estar olhando para uma cena de singular beleza. Era como se estivesse olhando para uma miniatura viva, do tamanho de uma chapa de lanterna mágica. Tenho agora presente a cena, como se ainda a estivesse vendo. Era uma paisagem à beira-mar. A lua brilhava sobre as águas, que subiam pela praia lentamente. Defronte de mim, uma extensão mole de terra entrava pelo mar adentro.

De cada lado dela havia rochedos irregulares, erguendo-se acima da superfície das águas. Na costa estavam várias casas, quadradas e rudes, sem semelhança com qualquer tipo de casa que eu conhecesse. Não havia ali vivalma, mas só a lua, o mar e o brilho do luar sobre as águas inquietas, exatamente como se eu estivesse olhando diretamente para a paisagem real.

Era tão belo que me recordo de ter pensado que, se aquilo continuasse, eu tomaria tanto interesse que não me deixaria dormir. Estava bem acordado, e ao mesmo tempo que via essa cena, ouvia claramente o som da chuva lá fora. Então, de repente, sem fim ou razão aparente, a cena mudou.

O luar e o mar desapareceram e, em vez de os ver, vi que estava olhando para o interior de uma sala de leitura. Parecia uma sala usada para aula de dia e para sala de leitura de noite.

Lembro-me de ver um leitor curiosamente parecido com Tim Harrington, se bem que não fosse ele, levantar na mão um livro ou revista e desatar a rir. Não era um quadro: estava ali.

A cena era exatamente como se se estivesse a olhar por um binóculo; via-se o jogo muscular, o brilho dos olhos, todos os movimentos das pessoas desconhecidas no lugar desconhecido para onde se estava olhando. Vi tudo isso sem abrir os olhos, nem propriamente tinham meus olhos qualquer coisa que ver com aquilo tudo. Essas coisas veem-se como que com um outro sentido, que mais parece estar dentro da cabeça do que nos olhos.

Foi uma experiência muito fraca e sem importância, mas fez-me compreender, melhor do que milhares de explicações, como é que os clarividentes veem.

Os quadros eram a propósito de nada; não foram sugeridos por coisa alguma que eu tivesse lido ou de que tivesse falado; apareceram simplesmente como se eu pudesse espreitar por uma janela para o que estava acontecendo num outro lugar qualquer. Espreitei essa vez, e passou, nem tornei a ter outra experiência desse gênero.

O sr. Stead acha que aquilo foi "uma experiência muito fraca e sem importância", e talvez assim a devamos considerar em relação às maiores possibilidades; conheço, porém, muitos estudiosos que se considerariam felizes se tivessem tido tanto como isso a contar de sua experiência pessoal. Por pequena que seja, dá imediatamente ao vidente uma noção verdadeira do fenômeno, e para o indivíduo que viu mesmo esse pouco, a clarividência é um fato real a um ponto que nunca poderá ser para o que não tiver tido esse pequeno contato com o mundo invisível.

Esses quadros foram vívidos demais para que pudessem ser meros reflexos do pensamento alheio, e, além disso, a descrição mostra, sem que possa haver dúvida, que foram vistos por um telescópio astral; de modo que, ou o sr. Stead inconscientemente estabeleceu, por si, uma corrente, ou (o que é mais provável) qualquer amável entidade astral lhe fez esse serviço, dando-lhe, para lhe aliviar uma hora aborrecida, quaisquer quadros agradáveis que acontecesse estarem no fim do tubo.

7. CLARIVIDÊNCIA NO TEMPO: O PASSADO

A clarividência no tempo – isto é, o poder de ler o passado e o futuro – é, como todas as outras variedades, possuída por diferentes pessoas em graus muito diferentes, desde o indivíduo que tem ambas as faculdades sob o pleno domínio de sua vontade, até àquele que apenas de vez em quando tem vislumbres ou reflexos involuntários e imperfeitíssimos dessas cenas de outros dias. Um indivíduo desse último tipo poderá ter, por exemplo, uma visão de algum acontecimento do passado; mas essa visão está sujeita a uma deformação gravíssima, e, mesmo quando acontecesse ser razoavelmente precisa, é quase certo que seria apenas um quadro isolado, e o vidente seria provavelmente incapaz de o relacionar com acontecimentos anteriores ou posteriores, ou dar uma explicação cabal de qualquer detalhe mais estranho que nela aparecesse. O vidente educado, pelo contrário, poderia seguir o drama a que essa cena está ligada, para antes ou para depois dela, tanto quanto quisesse, e traçar com igual facilidade as causas que a haviam produzido ou os resultados que dela adviriam.

Talvez com mais facilidade compreendamos esta nada fácil seção do nosso assunto se a examinarmos segundo as subdivisões que naturalmente nos ocorrem, tratando primeiro da visão que olha, retrospectivamente, para o passado, e deixando para depois aquela que trespassa o véu do futuro. Em qualquer dos casos será bom que tentemos compreender, tanto quanto possível, o *modus operandi*, ainda que apenas imperfeitamente o consigamos fazer, devido, em primeiro lugar, ao caráter incompleto da informação sobre alguns pontos do assunto que os nossos investigadores por enquanto possuem, e, depois, à constante incompetência das palavras do mundo físico para exprimir um centésimo que seja do pouco que realmente sabemos a respeito dos planos e das faculdades superiores.

Tratando, pois, do caso de uma visão detalhada do passado longínquo, como é que ela se obtém, e a que plano da natureza é que verdadeiramente pertence. A resposta a ambas as perguntas cifra-se em se dizer que se trata apenas de ler os *registros akâshicos*; mas essa afirmação, por sua vez, carecerá, para muitos leitores, de ser nitidamente explicada. O termo é, na verdade, até certo ponto impróprio, porque, ainda que os registros sejam sem dúvida lidos no *Akasha*, ou matéria do plano mental, não é a ela, em todo o caso, que verdadeiramente pertencem. Pior ainda é o outro título – registro da luz astral –, que, por vezes, tem sido empregado, pois que esses registros estão muito além do plano astral, e tudo o que neste se pode obter não passa de fragmentários vislumbres de uma espécie de duplo reflexo deles, conforme adiante se explicará.

Como tantos outros dos nossos termos teosóficos, a palavra *akasha* tem sido empregada sem grande justeza. Em alguns dos nossos primeiros livros, era tida por sinônimo de luz astral; em outros, era usada para significar qualquer espécie de matéria invisível, desde a *mülaprakriti* até ao éter físico. Nos livros mais recentes, a sua aplicação tem sido restringida à matéria do plano mental, e é nesse sentido que se pode dizer dos registros que são *akâshicos*, porque, conquanto não sejam originalmente feitos nesse plano, como o não são no astral, em todo o caso é ali que primeiro nitidamente os encontramos e podemos com eles trabalhar cabalmente.

O assunto dos registros não é de modo algum fácil de tratar, porque pertence àquela numerosa classe que exige para a sua perfeita compreensão faculdades muito mais elevadas do que quaisquer que a humanidade por enquanto tenha adquirido. A verdadeira solução do problema está em planos muito além de quaisquer dos que nos é possível conhecer atualmente, e qualquer opinião que formemos do assunto terá de ser forçosamente imperfeitíssima, visto que é debaixo, e não de cima, que olhamos para o caso. A noção que dele formamos terá, pois, que ser apenas parcial, e contudo escusa de nos induzir a erro, a não ser que nos deixemos considerar esse pequeno fragmento, que é tudo quanto podemos ver, como se fosse o todo completo e perfeito. Se tivermos o cuidado de assegurar que os conceitos que formamos sejam justos até onde cheguem, nada teremos que desaprender, ainda que muito tenhamos a acrescentar, quando, no decurso do nosso ulterior progresso, atingirmos uma mais perfeita sabedoria. Fique, pois, assente logo desde o princípio que uma ideia completa desse assunto é de todo impossível no nosso atual estágio evolutivo, e que muitos pontos surgirão, dos quais somos por enquanto incapazes de dar uma explicação exata, ainda que muitas vezes seja possível sugerir analogias e indicar a direção em que deve estar a explicação verdadeira.

Tentemos, pois, recuar o nosso pensamento até ao princípio desse sistema solar a que pertencemos. Conhecemos toda a vulgar teoria astronômica de sua origem – a hipótese nebular, como é costume chamar-lhe –, segundo a qual ele primeiro existiu como uma enorme nebulosa ardente, de um diâmetro excedendo muito a órbita mesmo do mais afastado dos planetas, e como, depois, à medida que, no decurso de séculos sem número, essa enorme esfera pouco a pouco, resfriando, se contraía, o sistema, tal qual o conhecemos, se formou.

A ciência oculta aceita essa teoria, em suas linhas gerais, como representando acertadamente o lado puramente físico da evolução de nosso sistema, mas acrescenta que, se limitarmos a nossa atenção apenas a esse lado físico, teremos uma ideia muito incompleta e incoerente do que realmente aconteceu. Ela postula, em primeiro lugar, que o Ser elevadíssimo que toma a seu cargo a formação de um sistema (ao qual por vezes chamamos o Logos do sistema) principia por formar em Seu espírito uma ideia completa de todo o sistema com as suas sucessivas cadeias de mundos. Pelo próprio ato de formar essa ideia, Ele dá ao conjunto uma existência objetiva simultânea no plano de seu pensamento – um plano, é claro, inteiramente superior a todos aqueles de que tenhamos qualquer conhecimento –, do qual os vários globos descem, quando é preciso, a qualquer estado de maior objetividade que respectivamente se lhes destine. A não ser que tenhamos sempre presente esse fato da existência real de todo o sistema, desde o princípio, em um plano superior, erraremos repetidas vezes o sentido da evolução física que cá embaixo vemos desenrolar-se.

Mas o ocultismo tem mais do que isso a dizer-nos sobre o assunto. Diz-nos não só que a esse maravilhoso sistema a que pertencemos foi dada a existência pelo Logos, tanto nos planos inferiores como nos superiores, mas também que a sua relação para com Ele é mais íntima mesmo do que isso, porque o sistema é absolutamente uma parte Dele – uma expressão parcial Dele no plano físico – e que o movimento e a energia de todo o sistema são a Sua energia, e que tudo acontece dentro dos limites de Sua aura. Essa concepção, por estupenda que seja, não é, porém, inteiramente improvável àqueles de nós que alguma coisa da aura tiverem estudado.

Conhecemos bem a ideia de que, à medida que um indivíduo progride no caminho ascensional, o seu corpo causal, que é o limite determinante de sua aura, aumenta nitidamente em tamanho, assim como em luminosidade e pureza de cor. Muitos de nós sabem, por experiência, que a aura de um discípulo que já progrediu bastante no Caminho é muito maior do que a de um indivíduo que apenas tenha pousado o pé sobre o primeiro degrau; e, no caso de um adepto, o aumento proporcional é ainda maior. Lemos na escritura oriental, em livros perfeitamente exotéricos, como era imensamente extensa a aura do Buda; parece-me que há um trecho onde se dá três milhas como sendo o seu limite, mas, seja qual for a medida exata, é evidente que aqui temos outro relato do crescimento extremamente rápido do corpo causal à medida que o homem progride em seu caminho ascensional.

Pouca dúvida pode haver de que esse crescimento se faz por progressão geométrica, de modo que não nos deve surpreender se nos falarem de um adepto em um nível ainda superior, cuja aura seja capaz de incluir ao mesmo tempo todo o mundo; e daqui podemos, pouco a pouco, levar o nosso pensamento até conceber que haja um ser tão elevado que dentro de si abranja todo o nosso sistema solar. E não devemos esquecer que este, por enorme que nos pareça, não passa de uma gota pequeníssima no vasto oceano do espaço.

Assim, do Logos (que em Si contém todas as capacidades e quantidades que podemos concebivelmente atribuir ao mais alto Deus que possamos imaginar) é literalmente verdade, como antigamente se disse, que "Dele e por Ele e para Ele são todas as coisas" e "Nele vivemos e nos movemos e temos o ser".

Ora, se isso é assim, é claro que o que acontece, seja o que for, em nosso sistema, acontece absolutamente dentro da consciência de seu Logos, de modo que imediatamente compreendemos que o verdadeiro registro deve ser a Sua memória; e, além disso, é evidente que, seja em que plano for que essa memória exista, o certo é que está muito acima de tudo quanto conhecemos e que, portanto, quaisquer registros que possamos ler não podem passar de um reflexo desse grande fato dominante, espalhado nos meios mais densos dos planos inferiores.

No plano astral é logo evidente que assim é – que lidamos apenas com o reflexo de um reflexo, aliás, extremamente imperfeito, porque os registros ali atingíveis estão excessivamente fragmentados e, por vezes, mesmo, seriamente deformados. Sabemos quão universalmente a água é empregada como símbolo da luz astral e, nesse caso, o símbolo é notavelmente justo. Na superfície de água imóvel podemos ver, exatamente como em um espelho, uma imagem nítida dos objetos à Sua volta; mas não passa de uma imagem – uma representação em duas dimensões de objetos tridimensionais, divergindo, portanto, em todas as suas qualidades, exceto na cor, daquilo que representa; além disso, a imagem é sempre invertida.

Perturbe porém o vento a superfície da água, e o que é que teremos? Uma imagem ainda, um reflexo, mas tão quebrado e deformado que de nada serve, ou, mesmo, só serve para nos enganar com respeito ao feitio e verdadeiro aspecto dos objetos refletidos. Aqui e ali, um momento, pode acontecer que obtenha uma imagem verdadeira de qualquer detalhe da cena – uma folha de árvore, por exemplo; mas seria preciso um longo trabalho e um conhecimento considerável das leis naturais para obter qualquer coisa como a verdadeira noção do objeto refletido, juntando mesmo um grande número de tais fragmentos isolados de uma imagem sua.

Ora, no plano astral nunca poderemos ter coisa que se assemelhe ao que representamos por uma superfície tranquila; pelo contrário, trata-se sempre de uma superfície em movimento rápido e perturbador; calcule-se, pois, o pouco que podemos confiar em obter um reflexo claro e definido. Assim, um clarividente que possui apenas a faculdade de vista astral nunca poderá confiar em que qualquer quadro do passado, que ante ele se erga, seja justo e certo; bocados dele, aqui e ali, poderão sê-lo, mas ele não tem meio de saber quais são esses bocados. Se está ao cuidado de um professor competente, pode, mediante instrução longa e cuidadosa, aprender a distinguir entre as impressões que são certas e as outras, e a construir com os reflexos incompletos uma espécie qualquer de imagem do objeto refletido; mas, em geral, antes que tenha superado essas dificuldades, terá já desenvolvido a visão mental, que torna desnecessários tais esforços.

No plano seguinte, que é o mental, as condições são muito diferentes. Ali o registro é completo e certo, e o impossível seria errar a sua leitura. Isto é, se três clarividentes, possuindo os poderes relativos ao plano mental, decidissem todos examinar certo registro ali feito, o que se lhes mostraria seria exatamente a mesma coisa no caso de qualquer dos três e cada um deles tiraria dessa leitura uma mesma e exata impressão. Mas não segue que, quando depois, no plano físico, comparassem as suas notas, os seus relatórios coincidissem perfeitamente. É bem sabido que, se três indivíduos que testemunharam um acontecimento cá no plano físico, passarem depois a descrevê-lo, os seus relatos divergirão, sensivelmente, uns dos outros, porque cada indivíduo terá notado especialmente aqueles detalhes que mais o interessam e insensivelmente os terá tornado os traços capitais do acontecimento, deixando, por vezes, outros pontos que foram, na verdade, de muito maior importância.

Ora, no caso de uma observação sobre o plano mental, essa equação pessoal pouco ou nada afetaria as impressões recebidas, porque, visto que cada indivíduo abrange por completo todo o assunto, ser-lhe-ia impossível ver fora de proporção as partes de que esse assunto é composto; mas, a não ser no caso de indivíduos cuidadosamente educados e experientes, esse fator já entraria em jogo quando se tratasse da transferência das impressões para os planos inferiores. Pela natureza das coisas, é impossível que qualquer relato dado neste mundo a respeito de uma experiência ou visão do mundo mental possa ser completo, porque nove décimos de quanto se vê e sente ali não poderiam de modo algum ser expressos em palavras físicas; e, visto que a expressão tem forçosamente de ser parcial, é claro que há uma possibilidade de escolha no que respeita à parte expressa. É por essa razão que em todas as nossas mais recentes investigações teosóficas tanto se tem insistido sobre a necessidade de constantemente controlar e verificar os testemunhos de clarividentes; tanto assim, que nada que se baseie no testemunho de apenas uma pessoa tem sido incluído nos nossos últimos livros.

Mas, mesmo quando as possibilidades de erro provenientes desse fator da equação pessoal tenham sido reduzidas ao mínimo por um sistema de cuidadoso controle e verificação, permanece ainda a gravíssima dificuldade inerente à operação de trazer impressões de um plano superior para um plano inferior. É ela um pouco do mesmo gênero que a dificuldade do pintor para reproduzir uma paisagem tridimensional em uma superfície plana – isto é, na verdade, em duas dimensões. Assim como ao artista é preciso longa e cuidadosa educação visual e manual antes que lhe seja possível dar uma interpretação satisfatória da natureza, assim ao clarividente é preciso longa e cuidadosa educação antes que possa descrever em um plano inferior o que em um plano superior se passa; e as probabilidades que há a favor de obtermos uma descrição exata feita por um indivíduo sem instrução clarividente equivalem pouco mais ou menos àquelas que há de obtermos uma perfeita representação pictural de uma paisagem feita por um indivíduo que nunca aprendeu desenho.

Devemos também não esquecer que o quadro mais perfeito está, na realidade, infinitamente longe de ser uma reprodução de cena que representa, porque não há nele linha ou ângulo que possa na verdade ser como o é no objeto copiado. É simplesmente uma tentativa engenhosíssima de produzir sobre apenas um dos nossos cinco sentidos, por meio de linhas e cores em uma superfície plana, uma impressão semelhante àquela que teríamos tido se houvéssemos tido diante de nós a cena representada. Exceto por meio de uma sugestão inteiramente dependente de nossa experiência anterior, nada nos pode o quadro dar do rugido do oceano, do perfume das flores, do sabor dos frutos, ou da dureza ou moleza da superfície desenhada.

De natureza precisamente idêntica, se bem que em grau ainda maior, são as dificuldades que um clarividente sente ao tentar descrever no plano físico o que viu no plano astral; e elas são ainda acrescidas pelo fato de que, em vez de ter de evocar no espírito de seus ouvintes concepções que eles já muito bem conhecem, como faz o pintor quando desenha homens ou animais, campos ou árvores, o clarividente tem de tentar, com os meios imperfeitíssimos de que para isso dispõe, sugerir-lhes concepções que, em sua grande maioria, eles por completo desconhecem.

Pouco admira, pois, que, por brilhantes e vívidas que as suas descrições pareçam ao seu auditório, ele próprio constantemente sinta que elas são inteiramente insuficientes, e que os seus maiores esforços não conseguiram dar ideia alguma do que realmente vê. Nem nos devemos esquecer de que, no caso do relato feito neste mundo de um registro lido no plano mental, essa difícil operação da transferência do superior para o inferior tem lugar não uma vez, mas duas, visto que a memória teve de atravessar o plano astral intermédio. Mesmo no caso em que o investigador tenha a vantagem de ter a tal ponto desenvolvidas as suas faculdades mentais que as possa usar quando desperto em seu corpo físico, mesmo assim ainda o estorva a absoluta incapacidade da linguagem física para exprimir aquilo que ele vê.

Tentai um momento compreender bem aquilo a que se chama a quarta dimensão, da qual já alguma coisa dissemos em capítulo anterior. Não custa nada visualizar as nossas três dimensões – representar em nossa mente o comprimento, a largura e a altura de qualquer corpo; e vemos que cada uma dessas dimensões é representada por uma linha perpendicular às duas outras. A noção da quarta dimensão é a de ser possível arranjar uma quarta linha que seja perpendicular às outras três já existentes.

Ora, a mente comum, de modo algum pode abranger esse conceito, ainda que os poucos indivíduos que tenham feito um estudo especial do assunto pouco a pouco tenham vindo a poder compreender uma ou duas das mais simples figuras quadridimensionais.

Ainda assim, não há palavras que eles possam usar no plano físico que consigam pôr qualquer representação dessas figuras diante dos olhos dos outros, e se qualquer leitor, que se não tenha especialmente educado nessa direção, tentar visualizar uma figura dessas, verá que lhe é inteiramente impossível fazê-lo. Ora, exprimir uma forma dessas claramente em palavras físicas importaria, com efeito, descrever com justeza um objeto existente no plano astral; mas, se examinarmos os registros no plano mental, ver-nos-emos a braços com a dificuldade maior de uma quinta dimensão! De sorte que a impossibilidade de explicar completamente esses registros ficará patente mesmo à observação mais superficial.

Referimo-nos já aos registros como sendo a memória do Logos, mas eles são muito mais do que uma memória, no sentido vulgar da palavra. Por impossível que seja imaginar como essas imagens são do ponto de vista Dele, sabemos, porém, que, à medida que formos subindo, mais e mais nos estaremos aproximando da verdadeira memória – mais e mais perto estaremos do modo como Ele vê. De sorte que têm grande interesse as experiências do clarividente com respeito a esses registros, quando ele atingiu já o plano búdico – o mais alto que a sua consciência pode alcançar, mesmo quando longe de seu corpo físico, até que ele atinja o nível dos Arhats[1].

Aqui já o tempo e o espaço não o limitam; já não precisa, como no plano mental, de passar revista a uma série de acontecimentos, porque o passado, o presente e o futuro lhe estão todos simultaneamente presentes, por absurda que pareça a frase neste mundo. Na verdade, por infinitamente abaixo do Logos que esteja mesmo esse plano elevadíssimo, é contudo absolutamente evidente pelo que ali vemos que para Ele o registro deve ser muito mais do que aquilo a que chamamos uma memória, porque tudo quanto aconteceu no passado, e tudo quanto acontecerá no futuro, se está passando agora ante os Seus olhos exatamente como os acontecimentos daquilo a que chamamos o presente. Inteiramente incrível, loucamente incompreensível,

1 **Arhat** é um termo sânscrito usado em religiões orientais e escolas de esoterismo do Ocidente para designar um ser de elevada estatura espiritual. A palavra significa, literalmente, "o digno, aquele que merece louvores divinos". Disponível em: <*https://pt.wikipedia.org/wiki/Arhat*>. [Nota do editor]

é claro, para o nosso entendimento limitado; mas nem por isso menos verdadeiro.

É claro que, no nosso atual estado de conhecimento, não podemos esperar compreender como é que se produz tão maravilhoso resultado, e tentar explicá-lo implicaria apenas envolver-nos em uma névoa de palavras que nenhuma informação nos dariam. Ocorre-me, porém, uma ordem de pensamentos que talvez torne possível esboçar o sentido dessa explicação: e tudo quanto nos ajude a compreender que tão estranha afirmação pode, apesar de tudo, não ser de todo absurda, deve ao menos servir para alargar as nossas mentes.

Lembro-me ter lido, há uns trinta anos, um livrinho curiosíssimo intitulado, creio, *As Estrelas e a Terra*, cujo fim era demonstrar como era cientificamente possível que aos olhos de Deus o passado e o presente pudessem ser absolutamente simultâneos. Os argumentos empregados pareceram-me ao tempo muito engenhosos e vou, portanto, resumi-los, visto que me parecem bastante sugestivos em relação ao assunto que tratamos.

Quando vemos qualquer coisa, quer seja o livro que temos na mão ou uma estrela a milhões de milhas de distância, fazemo-lo por uma vibração no éter, a que vulgarmente se chama um raio de luz, que passa do objeto visto para os nossos olhos. Ora, a velocidade dessa vibração é tão grande – umas 186.000 milhas por segundo –, que, ao tratar de qualquer objeto em nosso mundo, podemos tê-la por instantânea. Quando, porém, passamos a tratar de distâncias interplanetárias, temos de levar em conta a velocidade da luz, porque, ao atravessar esses grandes espaços, ela leva um tempo apreciável. Por exemplo: a luz leva oito minutos e um quarto para chegar-nos do Sol, de modo que, quando olhamos para o orbe solar, vemo-lo por meio de um raio de luz que o abandonou há mais de oito minutos.

De aqui segue um resultado muito curioso. O raio de luz pelo qual vemos o Sol só nos pode, evidentemente, contar o que se passava no Sol quando ele, raio de luz, começou a sua viagem, e em nada seria afetado por qualquer coisa que ali acontecesse depois de ele ter de lá partido; de modo que realmente vemos o Sol, não como ele é agora, mas como era há oito minutos. Quer dizer, se qualquer coisa de importante acontecesse no Sol – a formação de uma nova mancha, por exemplo –, um astrônomo que na ocasião estivesse observando esse orbe pelo telescópio nada saberia do incidente quando ele se estivesse dando, visto que o raio de luz que lhe traria as notícias dele só oito minutos mais tarde lhe chegaria.

A diferença é muito mais impressionante quando consideramos as estrelas fixas, porque, nesse caso, as distâncias são enormemente maiores. A estrela polar, por exemplo, está tão longe que a luz, viajando com a inconcebível velocidade já indicada, leva um pouco mais de cinquenta anos para chegar aos nossos olhos; e daí segue a conclusão estranha, mas inevitável, de que estamos agora vendo a estrela polar não como ela é agora, mas como ela era há cinquenta anos. Mesmo que amanhã uma catástrofe qualquer fizesse em pedaços a estrela polar, nós ainda a veríamos brilhando tranquilamente nos céus; os nossos filhos chegariam ao princípio da velhice e teriam já filhos crescidos, antes que houvesse chegado a qualquer vista terrestre a notícia dessa catástrofe tremenda. De maneira semelhante, há estrelas tão afastadas que a luz leva milhares de anos para chegar delas até nós, e com respeito à condição delas, a nossa informação sofre, portanto, um atraso de milhares de anos.

Levemos mais longe o argumento. Suponha-se que poderíamos colocar um indivíduo à distância de 186.000 milhas da Terra, dando-lhe ao mesmo tempo a maravilhosa faculdade de ver dessa distância tão nitidamente o que aqui estava acontecendo como se estivesse junto de nós. É claro que o indivíduo ali colocado veria todas as coisas terrestres um segundo depois de elas se passarem, e no momento atual estaria vendo o que se passou há um segundo. Dobre-se a distância, e o indivíduo estaria dois segundos em atraso, e assim proporcionalmente; leve-se esse indivíduo até à distância do Sol (conservando-se sempre o mesmo misterioso poder de visão) e ele, olhando de lá, estaria agora vendo não o que estais fazendo agora, mas o que estáveis fazendo há oito minutos e um quarto. Transportai-o à estrela polar, e ele terá ante os seus olhos, agora, os acontecimentos de há cinquenta anos; estará observando as brincadeiras infantis de indivíduos que nessa mesma ocasião já são velhos. Por maravilhoso que isso pareça, é literal e cientificamente verdadeiro, e ninguém o pode negar.

O livrinho a que me referi seguia argumentando, com excelente lógica, que Deus , sendo todo-poderoso, deve possuir o assombroso poder de visão que temos estados postulando para o nosso observador; e, mais, que, sendo onipresente, deve estar em todos os pontos onde colocamos o indivíduo, e também em todos os pontos intermédios, não sucessiva, mas simultaneamente. Concedidas essas premissas, segue a inevitável dedução de que tudo quanto tenha acontecido desde o princípio do mundo deve estar neste momento acontecendo ante os olhos de Deus – não uma mera memória de tudo isso, mas os verdadeiros acontecimentos, todos eles objeto de sua observação atual.

Tudo isso é bastante materialista e no plano da ciência puramente física; podemos ter, portanto, a certeza de que não é assim que o Logos age. Contudo, é brilhantemente deduzido e absolutamente irrefutável, e, como já disse, não deixa de ser útil, visto dar-nos um vislumbre de possibilidades que podiam não nos ocorrer, se não fosse esse argumento.

Mas, pode perguntar-se, como será possível, entre a confusão enorme dos registros do passado, encontrar qualquer cena, quando a desejarmos ver? O fato é que o clarividente sem ilustração não o pode fazer, em geral, sem qualquer ligação especial que o ponha em relação com o objeto de que trate. A psicometria é um caso que pode servir de exemplo, e é bem provável que a nossa memória vulgar não seja senão outra forma da mesma ideia. Parece haver uma como que ligação ou afinidade magnética entre qualquer partícula de matéria e o registro que contém a sua história – uma afinidade que a torna apta a servir de uma espécie de fio condutor entre esse registro e as faculdades de qualquer indivíduo que o possa ler.

Por exemplo: uma vez, eu trouxe de Stonehenge um pedacinho de pedra, do tamanho de uma cabeça de alfinete, e, tendo-o metido em um envelope e entregado a uma psicômetra que nenhuma noção tinha do que aquilo era, ela imediatamente passou a descrever aquela maravilhosa ruína e a paisagem desolada que a cerca, descrevendo, depois, vividamente, coisas que eram evidentemente cenas de sua antiga história, mostrando, assim, que aquele pequeníssimo fragmento tinha sido o suficiente para a pôr em comunicação com os registros relacionados com o ponto de onde eu o havia tirado. As cenas através de que passamos no decurso de nossa vida parecem agir sobre as células do nosso cérebro do mesmo modo que a história de Stonehenge sobre aquele pedacinho de pedra: estabelecem uma ligação com aquelas células, por meio das quais o nosso espírito é posto em relação com aquela porção especial dos registros, e, assim, "lembramo-nos" do que vimos.

Mesmo um clarividente educado precisa de ligação que o habilite a encontrar o registro de um acontecimento de que não tenha conhecimento. Se, por exemplo, quiser observar o desembarque de Júlio César nas costas da Inglaterra, há várias maneiras pelas quais pode entrar no assunto. Se, por acaso, visitou a cena da ocorrência, o mais simples será evocar a imagem do lugar e depois percorrer os seus registros até encontar o período que deseja. Se não tiver visto o lugar, poderá volver atrás no tempo até à data em que se deu o acontecimento e, então, procurar pelo Mancha uma flotilha de galés romanas; ou poderá examinar os registros da vida romana do tempo, onde não terá dificuldade em identificar uma figura tão saliente como a de César, seguindo-o através de todas as campanhas na Gália até encontrá-lo desembarcando nas costas britânicas.

Muita gente pergunta qual o aspecto desses registros – se parecem estar longe ou perto, se as figuras neles são pequenas ou grandes, se os quadros se seguem como em um panorama ou se se fundem como nas vistas dissolventes. Só se pode responder que o seu aspecto varia bastante consoante as condições em que os vemos. Se é no plano astral, o reflexo é, em geral, um simples quadro, ainda que por vezes as figuras tenham movimento; nesse último caso, em vez de mero instantâneo, deu-se um reflexo mais perfeito e prolongado.

No plano mental, eles têm dois aspectos inteiramente diversos. Quando o visitante desse plano não está especialmente pensando neles, os registros formam simplesmente o fundo para o que esteja acontecendo. Não devemos esquecer que, nessas condições, eles não passam de imagens da atividade incessante de uma grande consciência em um plano muito superior, sendo muito parecidas com a sucessão sem fim de quadros cinematográficos. Não se fundem uns nos outros como quadros dissolventes, nem se seguem uns aos outros, como uma série de quadros, mas a ação das figuras refletidas constantemente decorre como se estivéssemos olhando para atores em um palco distante.

Mas, se o investigador educado dirige a sua atenção sobre qualquer cena especial, ou se deseja evocá-la para que diante dele apareça, dá-se imediatamente uma mudança extraordinária, porque este é o plano do pensamento, e, aí, pensar em qualquer coisa é tê-la imediatamente diante de nós. Por exemplo, se um indivíduo deseja ver o registro do acontecimento que nos serviu de exemplo – o desembarque de César –, encontra-se imediatamente, não vendo qualquer quadro, mas presente na costa entre os legionários, com a cena toda desenrolando-se em seu redor, exatamente como se ali tivesse estado, em carne e osso, naquela manhã de outono do ano 55 antes de Cristo. Visto que o que ele vê não passa de um reflexo, os atores não têm, é claro, nenhuma consciência dele, nem pode esforço algum seu mudar, por pouco que seja, o curso da ação deles, salvo apenas que pode dominar a rapidez com que o drama ante seus olhos se desenrola, podendo fazer com que os acontecimentos de um ano lhe passem diante da vista em uma hora, ou podendo, a qualquer altura, fazer parar o movimento, para contemplar, durante o tempo que quiser, qualquer cena especial como se fosse um quadro.

De resto, ele não só observa o que teria visto se ali tivesse estado em carne e osso, mas muito mais. Ouve e compreende tudo quanto essa gente diz e tem consciência de seus pensamentos e motivos; e uma das mais interessantes das várias possibilidades que se abrem perante quem aprendeu a ler o registro é o estudo do pensamento dos homens das cavernas e das habitações lacustres, assim como aquele que dominou nas grandes civilizações da Atlântida, do Egito ou da Caldeia. É fácil de imaginar que esplêndidas possibilidades são as do indivíduo que está de plena posse desse poder. Tem diante de si um campo de investigação histórica do mais alto interesse. Não só pode passar revista, a seu vagar, por toda a história que conhecemos, corrigindo, à medida que a vai vendo, os muitos erros e erradas interpretações que há nos relatos que temos; pode, também, vaguear à sua vontade por toda a história do mundo desde o seu início, observando o lento desenvolvimento da inteligência humana, a descida dos Senhores da Chama e o progresso das grandes civilizações que eles fundaram.

Nem precisa o seu estudo de ficar limitado apenas ao progresso da humanidade; tem, diante de si, como em um museu, todas as estranhas formas animais e vegetais que havia no mundo quando ainda na infância; pode acompanhar todas as maravilhosas mudanças geológicas que se têm dado e seguir o curso dos grandes cataclismos que várias vezes têm mudado por completo a face da Terra.

Em um caso especial, é possível ao leitor dos registros uma simpatia ainda maior com o passado. Se, no decurso de suas investigações, tem de observar qualquer cena em que ele próprio tomou parte em qualquer encarnação anterior, pode tratá-la de duas maneiras: da maneira habitual, como um espectador (ainda que – não o esqueçamos – um espectador cuja compreensão e simpatia são perfeitas), ou tornar a identificar-se com aquela, há muito morta, personalidade sua – reentrando temporariamente para essa vida passada, tornando absolutamente a sentir os pensamentos e as emoções, os prazeres e as mágoas de um passado pré-histórico. Não é possível conceber aventuras mais estranhas e mais vívidas do que aquelas por que ele assim poderá passar, mas, através de tudo isso, ele nunca deve perder pé na consciência de sua individualidade – deve conservar o poder de regressar, quando quiser, à sua personalidade presente.

Muitas vezes se pergunta como é possível a um investigador determinar com justeza a data de qualquer cena do passado que ele desenterre dos registros. A verdade é que é por vezes tedioso o trabalho de encontrar uma data exata, mas em geral é sempre possível, se valer a pena gastar nisso tempo e trabalho. Se se trata dos tempos gregos ou romanos, o método mais simples é, em geral, olhar para dentro da mente da pessoa mais inteligente no quadro e ver que data é que ela supõe ser a dessa cena, ou o investigador poderá vê-lo escrever uma carta ou outro documento, reparando, se for datado, qual é a data que ele lhe põe. Uma vez obtida a data romana ou grega, reduzi-la ao nosso sistema de cronologia é apenas questão de cálculo.

Outro método, frequentemene adotado, consiste em tirar os olhos da cena examinada e pô-los em qualquer cena contemporânea em qualquer cidade grande conhecida, como Roma, reparando que rei está reinando, ou quem são os cônsules esse ano; obtidos esses dados, o resto constará de um golpe de vista dado a um bom compêndio de história. Às vezes, é possível obter uma data pela consulta de qualquer proclamação pública ou documento legal; de resto, nos períodos de que falamos, é dificuldade fácil de resolver.

O assunto, porém, já não é tão fácil quando se trate de períodos muitos anteriores a estes – de uma cena do antigo Egito, da Caldeia ou da velha China, ou, para ir mais longe ainda, da própria Atlântida e de suas numerosas colônias. Ainda não será difícil obter uma data pelo processo, já indicado, de olhar para a mente de qualquer indivíduo educado daquela época, mas não há já maneira de a relacionar com o nosso sistema de datas, visto que o indivíduo estará contando por eras que de todo desconhecemos, ou em relação a reinados de reis cuja história se perde na noite dos tempos.

Os nossos métodos não estão, porém, esgotados. Devemos não esquecer que é possível ao investigador fazer os registros passar diante de si com a velocidade que deseje – a um ano por minuto, se quiser, ou mesmo muito mais depressa. Ora, há um ou dois acontecimentos na história antiga cujas datas estão nitidamente fixadas, como, por exemplo, o afundamento de Poseidônis no ano 9564 antes de nossa era. É, portanto, evidente que, se, pelo aspecto geral da paisagem, parecer provável que determinada cena vista está a razoável distância de qualquer desses acontecimentos, pode ser relacionada com esse acontecimento pelo processo muito simples de fazer passar rapidamente o registro, contando, à medida que vão passando, os anos que medeiam.

Ainda assim, se esses anos entrassem pelos milhares, como por vezes poderia acontecer, esse plano resultaria terrivelmente tedioso. Nesses casos, temos de recorrer ao método astronômico. Em consequência do movimento a que vulgarmente se chama a precessão dos equinócios, ainda que mais propriamente se lhe devesse chamar uma espécie de segunda rotação da Terra, o ângulo entre o Equador e o eclítico vai gradualmente, mas lentamente, variando. Assim, depois de grandes intervalos de tempo, vemos que o polo da Terra não está já apontando para o mesmo ponto na esfera aparente dos céus, ou que, em outras palavras, a nossa estrela polar não é, como agora, a Ursa Menor, mas qualquer outro corpo celeste, e, por essa posição do polo da Terra, que facilmente se pode averiguar pelo exame do céu noturno no quadro que se esteja vendo, pode-se, sem grande dificuldade, encontrar-se uma data aproximada.

Ao calcular a data de ocorrências que se deram há milhões de anos em raças primitivas, o período da rotação secundária (ou precessão dos equinócios) é, frequentemente, usado como unidade, mas é claro que uma exatidão absoluta não é em geral exigida nesses casos, bastando números redondos ao tratar de épocas tão remotas.

A leitura exata dos registros, quer das nossas vidas passadas, quer dos outros, não deve, porém, ser considerada como possível a qualquer pessoa que não tenha cuidadosa ilustração preliminar. Como já se observou, ainda que se possam obter reflexos ocasionais no plano astral, o poder de usar o sentido mental é preciso para que se consiga uma leitura exata. De resto, para reduzir ao mínimo as possibilidades de erro, esse sentido deve estar inteiramente sob o domínio do investigador quando desperto no corpo físico; e a aquisição dessa faculdade leva anos de trabalho incessante e de rígida autodisciplina.

Muita gente parece julgar que, mal assina o seu requerimento de admissão e passa a pertencer à Sociedade Teosófica, imediatamente passará a poder se lembrar de três ou quatro de suas encarnações anteriores; há mesmo indivíduos que começam logo a imaginar "recordações" e declaram que em sua última encarnação foram Maria Stuart, Cleópatra ou Júlio César. É claro que pretensões tão extravagantes não conseguem senão trazer descrédito àqueles que disparatadamente as têm. Mas, infelizmente, parte do descrédito tende a cair também, por injusto que isso seja, sobre a Sociedade a que eles pertencem, de modo que um indivíduo que sente fervilhar dentro de si a convicção de que foi Homero ou Shakespeare fará bem em não ir muito depressa, pondo isso bem à prova no plano físico antes de o comunicar ao mundo.

É absolutamente certo que muita gente tem tido, em sonhos, vislumbres de cenas de vidas passadas, mas, como é de esperar, esses vislumbres são quase sempre fragmentadíssimos e incertos. Eu próprio tive na juventude uma experiência desse gênero. Havia entre os meus sonhos um que constantemente reaparecia – o sonho de uma casa com um pórtico virado para uma formosa baía, não muito longe de uma colina em cujo cimo se erguia um edifício muito belo. Eu conhecia essa casa perfeitamente e sabia tão bem a distribuição de seus quartos e a vista de sua porta como as de minha casa nesta vida presente. Nesses dias, eu nada sabia da reencarnação, de modo que não me pareceu senão curiosa coincidência que esse sonho tantas vezes se repetisse. Não foi senão algum tempo depois de eu ter entrado para a Sociedade, que, quando alguém que sabia me estava mostrando quadros de minha última encarnação, descobri que esse sonho constante era na verdade uma recordação parcial, e que a casa que eu tão bem conhecia era aquela em que eu nascera havia mais de dois mil anos.

Mas, ainda que haja vários casos conhecidos em que qualquer cena bem lembrada assim atravessou de uma vida para a outra, é preciso grande desenvolvimento de faculdades ocultas antes que um investigador consiga descobrir definidamente uma linha de encarnações, quer suas, quer de outro indivíduo. Isso será bem claro se nos lembrarmos das condições do problema a resolver. Para seguir uma pessoa desta vida para a vida anterior, é preciso, antes de mais nada, seguir a sua vida presente, retrogradando até ao seu nascimento e, depois, seguir, em ordem inversa, os vários estágios pelos quais o Eu desceu à encarnação.

Isso inevitavelmente nos levará até à condição do Eu nos níveis superiores do plano mental, de modo que é evidente que, para realizar eficazmente essa tarefa, o investigador deve poder empregar o sentido correspondente a esse nível elevadíssimo sem deixar de estar desperto em seu corpo físico – em outras palavras, a sua consciência terá de se centralizar no próprio Eu reencarnante e não na personalidade inferior. Nesse caso, a memória do Eu, uma vez despertada, as suas próprias encarnações passadas estarão entre ele abertas como um livro, e ser-lhe-á possível, se quiser, examinar as condições de um outro Eu nesse nível e segui-lo para trás, através das vidas mental inferior e astral, que até ali o conduziram, até chegar à última morte física do Eu e, assim, à sua vida anterior.

É essa a única maneira pela qual a cadeia de vidas pode ser seguida com certeza absoluta, e podemos, por conseguinte, imediatamente pôr de lado, como impostores conscientes ou inconscientes, aqueles indivíduos que anunciam que podem encontrar as encarnações passadas de qualquer pessoa, a um tanto por cabeça. Não é preciso dizer que o verdadeiro ocultista não põe anúncios e nunca, em circunstância alguma, aceita dinheiro em troca de qualquer demonstração de seus poderes.

Não há dúvida de que o estudioso que quiser adquirir o poder de seguir uma linha de encarnações pode fazê-lo apenas aprendendo com um instrutor competente como é que esse trabalho se faz. Há quem tenha asseverado que basta que um indivíduo se sinta bom, "fraternal" e cheio de devoção, para que toda a sabedoria das eras imediatamente vá ter com ele, mas um pouco de bom senso não tardará em revelar como essa teoria é absurda. Por boa que uma criança seja, se quiser aprender a tabuada, tem de estudá-la, e o caso é precisamente idêntico quando se trata da capacidade de usar as faculdades espirituais. Essas faculdades, sem dúvida, que se manifestarão à medida que o indivíduo evolua, mas só com trabalho constante e esforço paciente é que ele pode conseguir usá-las com segurança e vantagem.

Consideremos o caso daqueles que querem auxiliar outros quando no plano astral, durante o sono; é claro que quanto mais conhecimentos aqui possuam mais valiosos serão os seus serviços nesse plano superior. Por exemplo, o conhecimento de várias línguas ser-lhes-á muito útil, porque, conquanto no plano mental os indivíduos possam comunicar diretamente por transferência de pensamento, sejam quais forem as línguas que falem, no plano astral não é assim, e um pensamento tem de ser formulado em palavras para que se possa compreender. Se, portanto, quiserdes auxiliar um indivíduo nesse plano, tendes de ter qualquer língua que ambos saibam, pela qual com ele possais vos comunicar; e, por isso, quanto mais línguas souberdes, mais útil sereis. A verdade é que não há espécie alguma de conhecimento que não tenha utilidade no trabalho do ocultista.

Seria bom que todos os estudiosos nunca esquecessem que o ocultismo é a apoteose do senso comum e que qualquer visão que lhes aconteça não é necessariamente uma cena dos registros akâshicos, nem qualquer experiência uma revelação vinda de cima. É muito melhor errar no sentido de um ceticismo equilibrado do que no de uma credulidade excessiva; e é uma regra admirável a de não procurar explicação oculta para qualquer coisa, quando para a explicar basta uma causa física simples e evidente. O nosso dever é tentar sempre conservar o nosso equilíbrio de espírito, nunca perder o domínio de nós mesmos, tomando sempre uma opinião razoável e cheia de bom senso a propósito de qualquer coisa que nos aconteça; assim, seremos melhores teosofistas, ocultistas mais prudentes, e auxiliares mais úteis do que antes havíamos sido.

Como de costume, encontramos casos de todos os graus desse poder de ler na memória da natureza, desde o do homem instruído que pode, sempre que quiser, consultar sozinho o registro, ao do indivíduo que não obtém senão vagos vislumbres casuais, ou que não teve, talvez, senão um só desses vislumbres em toda a vida. Mas, mesmo o indivíduo que possua essa faculdade apenas parcial e ocasionalmente, acha-a profundamente interessante. O psicometrista, que precisa de um objeto fisicamente relacionado com o passado para poder tornar a erguê-lo todo em seu torno, e o cristalovidente, que pode, por vezes, apontar o seu, menos certo, telescópio astral para qualquer cena do passado, podem ambos encontrar grande prazer no exercício de seus dotes respectivos, ainda que nem sempre compreendam bem como esses resultados se produzem, nem tenham sempre domínio sobre eles.

Em muitos casos das manifestações inferiores desses poderes, vemos que elas são excedidas inconscientemente; há muito cristalovidente que observa cenas do passado sem que as possa distinquir de cenas do presente, e há muita pessoa vagamente "psíquica" que vê quadros vários erguerem-se constantemente ante os seus olhos, sem nunca lhe passar pela cabeça que está, de fato, psicometrizando os vários objetos próximos, à medida que acontece tocar-lhes ou passar por eles.

Uma curiosa variante dessa classe de "psíquicos" é o homem que é capaz de psicometrizar só pessoas e não, como é mais vulgar, só objetos. Na maioria dos casos, essa faculdade revela-se irregularmente, de modo que um "psíquico" desses, quando apresentado a um estranho, muitas vezes verá, em um relâmpago, qualquer cena importante na vida passada desse indivíduo, podendo, porém, outras vezes, não receber impressão alguma. Mais raramente encontramos indivíduos que têm visões detalhadas da vida passada de toda a gente que encontram. Talvez um dos melhores exemplos dessa classe seja o escritor alemão Zschokke, que descreve em sua autobiografia essa estranha faculdade de que se encontrou possuidor. Diz ele:

Por vezes me tem acontecido, ao falar a primeira vez com um estranho, e ao escutar silenciosamente a sua conversa, que a sua vida passada, até ao momento presente, com muitas pequenas circunstâncias relacionadas com uma ou outra cena dela, me tem atravessado o espírito como um sonho, mas nitidamente, de modo inteiramente involuntário e sem que eu o desejasse, levando nisso apenas uns minutos.

Durante muito tempo tive estas visões passageiras por uma ilusão da minha fantasia, tanto mais que a minha visão de sonho me revelava o vestuário e os movimentos dos atores, o aspecto do quarto, a mobília, e outros detalhes da cena, até que, numa ocasião, estando disposto a brincar, narrei à minha família a história secreta de uma costureira que acabava de sair do quarto onde estávamos. Nunca tinha visto, antes disso, essa criatura. Os ouvintes, porém, admiraram-se, riram e não foi possível persuadi-los de que eu não tinha prévio conhecimento da sua vida anterior, visto que o que eu lhes contara era perfeitamente exato.

Eu, por minha parte, não fiquei menos admirado de verificar que a minha visão de sonho correspondia à realidade. Passei então a dar mais atenção ao assunto, e tantas vezes quantas a correção o permitia, narrava às pessoas, cujas vidas assim o haviam passado diante de mim, a essência da minha visão de sonho, para que elas mas negassem ou confirmassem. Em todos os casos, mas confirmaram imediatamente, não sem pasmo, como é de calcular.

Certo dia de feira, fui à cidade de Waldshut acompanhado por dois jovens que ainda vivem. Era noite, e nós, cansados do passeio, entramos numa estalagem denominada "da vinha". Ceiamos a uma mesa onde estava muita gente e aconteceu que principiaram a se divertir com as peculiaridades dos suíços e com a sua credulidade em relação à sua crença no mesmerismo, no sistema fisionômico de Lavater e coisas análogas. Um dos meus companheiros, cujo orgulho nacional se sentiu ferido por essa troça, pediu-me que respondesse qualquer coisa, sobretudo a um rapaz novo, com ares de importância, que estava sentado em nossa frente, e era dos que mais despejadamente troçavam.

Calhou que os acontecimentos da vida desse indivíduo acabavam de me passar pela mente. Dirigindo-me a ele, perguntei-lhe se me responderia francamente se eu lhe narrasse os mais secretos incidentes da sua vida, sendo ele, aliás, tão pouco meu conhecido como eu dele. Isto seria, disse-lhe mais, qualquer coisa de mais curioso mesmo que a habilidade fisiognomística de Lavater. Prometeu-me que, se eu dissesse a verdade, ele o declararia francamente. Narrei-lhe, então, os acontecimentos que a minha visão de sonho me revelara, e todos os presentes ficaram sabendo a história da vida do jovem comerciante, dos seus anos de colégio, das suas pândegas, e, por fim, de um pequeno ato menos honesto praticado por ele sobre o cofre-forte do patrão. Descrevi-lhe o quarto deserto, com as suas paredes brancas, onde, à direita da porta escura tinha estado, em cima da mesa, o pequeno cofre-forte preto etc. O homem, impressionadíssimo, admitiu a exatidão de cada circunstância, mesmo (o que eu mal esperava) da última.

Contudo, depois de narrar esse incidente, o nosso Zschokke passa a perguntar se afinal todo esse maravilhoso poder, que tantas vezes ele tinha mostrado, não poderia ter sido sempre um caso de simples coincidência.

Poucos casos de indivíduos com essa faculdade de ver o passado se encontram nos livros sobre esses assuntos, e pode-se, por isso, supor-se que tal poder é mais raro que o de previsão.

Parece-me, porém, que a verdade é que esse poder é, afinal, muito menos reconhecido. Como já disse, pode muito bem acontecer que um indivíduo veja um quadro do passado sem o reconhecer como tal, a não ser que qualquer detalhe o leve a formular essa suspeita – como, por exemplo, uma figura de armadura, ou um qualquer traje antigo. Também uma previsão não seria, ao darse, reconhecida como tal; mas a realização do acontecimento previsto a traz imediatamente à memória, ao mesmo tempo em que revela que foi uma previsão. De modo que um caso desses poucas vezes deixará de ser notado. É provável, portanto, que vislumbres ocasionais desses reflexos astrais dos registros akâshicos sejam mais vulgares do que seríamos levados a crer pelas publicações sobre o assunto.

8. CLARIVIDÊNCIA NO TEMPO: O FUTURO

Mesmo que, de modo vago, nos sintamos capazes de compreender a ideia de que todo o passado pode estar simultânea e ativamente presente em uma consciência suficientemente elevada, defrontamo-nos com uma dificuldade muito maior quando tentamos conceber como é que também todo o futuro pode ser compreendido nessa consciência. Se pudéssemos crer na doutrina maometana do Kismet, ou na teoria calvinística da predestinação, a concepção nada teria de difícil, mas, sabendo, como sabemos, que ambas são grotescas deformações da verdade, temos de procurar uma hipótese mais aceitável.

Talvez ainda haja indivíduos que neguem a possibilidade da previsão, mas isso prova apenas que ignoram a evidência que há sobre o assunto. O grande número de casos autenticados não deixa lugar para dúvidas quanto ao fato da previsão, mas muitos deles são de tal natureza que tornam difícil de encontrar uma explicação razoável. É evidente que o Eu possui certa dose de poder previsor e, se os acontecimentos previstos fossem sempre de grande importância, poder-se-ia supor que uma excitação extraordinária o tinha tornado capaz, por essa vez só, de dar uma impressão nítida do que vira à sua personalidade inferior. Sem dúvida que é essa a explicação para muitos dos casos em que se prevê a morte ou qualquer catástrofe gravíssima, mas há um grande número de casos conhecidos para os quais essa explicação não serve, visto que os acontecimentos previstos são, muitas vezes, extremamente triviais e sem importância.

Para exemplificar, citarei um caso bem conhecido de dupla vista que se deu na Escócia. Um indivíduo, que não acreditava no oculto, foi avisado por um vidente escocês do próximo falecimento de um vizinho. A profecia foi dada com grande abundância de detalhes, incluindo uma descrição completa do enterro, com os nomes dos quatro indivíduos que pegariam nas alças do caixão e de outras pessoas que estariam presentes. O ouvinte parece ter rido da história e tê-la esquecido prontamente; a morte do tal vizinho no dia indicado relembrou-lhe, porém, a profecia, e ele decidiu fazer errar pelo menos parte dela, tornando-se ele um dos que pegavam nas alças. Conseguiu arranjar as coisas como queria, mas, exatamente quando o préstito ia sair, chamaram-no à parte para qualquer assunto de somenos importância e que o demorou apenas um ou dois minutos. Ao voltar à pressa, viu com surpresa que o préstito ia saindo sem ele, e que a profecia se verificava plenamente, visto que iam pegando as alças do caixão os quatro indivíduos que o vidente lhe indicara. Ora, aí está um assunto trivial, que não podia ser de importância para alguém, previsto nitidamente com alguns meses de antecedência, e, conquanto um indivíduo se esforce conscientemente por alterar os fatos indicados, essa tentativa resulta impotente para alterá-los. Por certo que isso se assemelha muito à predestinação, mesmo em seus mínimos detalhes, e é só quando examinamos esse assunto, desde os planos superiores, é que podemos achar meio de escapar a essa teoria. Está claro que – como já antes disse a propósito de outro ramo do assunto – uma explicação completa ainda nos escapa e evidentemente nos escapará enquanto o nosso conhecimento não for infinitamente maior do que hoje é; o mais que podemos esperar fazer por enquanto é indicar a direção na qual uma explicação deve ser encontrada.

Não há dúvida alguma de que, exatamente como o que está agora acontecendo é o resultado de causas postas em ação no passado, assim o que acontecerá no futuro será o efeito de causas já operantes. Mesmo aqui, neste mundo, podemos calcular que, se certas ações são praticadas, certos resultados se seguirão, mas o nosso cálculo tende a ser constantemente perturbado pela intervenção de fatores com que não podemos contar. Mas, se elevarmos a nossa consciência até ao plano mental, poderemos ver muito mais longe os resultados de nossas ações. Podemos seguir, por exemplo, o efeito de uma palavra casual, não só sobre a pessoa a quem foi dirigida, mas através dela, sobre muitas outras, à medida que se propaga em círculos cada vez maiores, até afetar todo o país; e um só vislumbre de uma visão destas vale mais do que muitos preceitos morais para nos gravar no espírito a necessidade de um cuidado extremo em tudo quanto pensamos, dizemos ou fazemos. Não só podemos nós, daquele plano, ver assim completamente o resultado de cada ação, como podemos ver também onde e de que maneira os resultados de outras ações, aparentemente sem relação com ela, a virão perturbar e modificar. Pode, de fato, dizer-se que os resultados de todas as causas atualmente operantes são claramente visíveis – que o futuro, como seria se nenhuma nova causa surgisse, está patente à nossa vista. É claro que surgem novas causas, porque a vontade humana é livre; mas, no caso de toda a gente vulgar, o uso que farão de sua liberdade pode ser calculado de antemão com justeza considerável. O homem médio tem tão pouca vontade real, que é, em grande parte, produto das circunstâncias; a sua ação em vidas anteriores coloca-o em determinadas circunstâncias e a sua influência nele é a tal ponto o fator mais importante na história de sua vida que o seu curso futuro pode ser predito com certeza quase matemática. Com o homem evoluído o caso é já diferente; para ele também os principais acontecimentos da vida são ordenados pelas suas ações no passado, mas o modo como ele deixará que elas o afetem, os métodos pelos quais tratará delas e talvez delas triunfará, estes são inteiramente seus e não podem ser previstos mesmo no plano mental, exceto como probabilidades. Olhando assim de alto para a vida do homem, parece-nos que o seu livre-arbítrio só poderá ser exercido em certas crises em sua carreira. Ele chega a um ponto da vida onde há, evidentemente, diante dele, dois ou três caminhos por onde seguir; tem plena liberdade de escolher o que quiser e, conquanto alguém que lhe conhecesse bem a índole pudesse ter quase certeza de qual seria a sua escolha, tal conhecimento da parte de seu amigo não é de modo algum uma força compulsora. Mas, quando ele escolheu de vez, terá de ir para a frente e aceitar as consequências; tendo entrado para determinado caminho, pode, em muitos casos, ser forçado a continuar durante muito tempo antes que tenha oportunidade de se desviar dele. A sua situação é análoga à do maquinista de um trem; quando chega a um entroncamento, pode entrar para esta ou aquela linha, mas, uma vez entrado para ela, tem de seguir por ela afora até chegar a outro entroncamento, onde possa novamente escolher um de dois caminhos. Ora, olhando para baixo desde o plano mental, esses pontos de novo caminho seriam claramente visíveis e todos os resultados da escolha que fizéssemos estariam patentes a nossos olhos, certos de se realizar em seus mínimos detalhes. O único ponto que ficaria incerto seria aquele, importantíssimo, sobre qual seria o caminho que o indivíduo escolheria. Teríamos, na verdade, não um, mas vários futuros patentes aos nossos olhos, sem podermos necessariamente determinar qual deles é que se materializaria em um fato consumado. Na maioria dos casos, veríamos uma das probabilidades tão superior às outras que não hesitaríamos em decidir qual o caminho que o indivíduo seguiria, mas, ainda assim, o caso que indiquei não deixa de ser teoricamente possível. Seja como for, mesmo esse conhecimento, tal qual é, tornar-nos-ia capazes de prever com segurança muita coisa; nem nos é difícil imaginar que um poder muito mais elevado que o nosso possa sempre prever para que lado a escolha se inclinará e, por isso, vaticinar sempre com segurança absoluta. No plano búdico, porém, não é preciso tal longo processo de cálculo consciente, porque (como já disse), de uma maneira que nós aqui não percebemos, o passado, o presente e o futuro existem ali simultaneamente. Apenas podemos aceitar esse fato, porque a sua causa está na faculdade correspondente a tal plano, e o *modus operandi* dela é, como é de se supor, inteiramente incompreensível ao cérebro físico. Mas, de vez em quando, encontramos uma sugestão que nos pode aproximar um pouco mais de uma vaga possibilidade de compreensão. Uma sugestão desse gênero foi dada pelo dr. Oliver Lodge em seu discurso presidencial à Associação Britânica em Cardiff. Disse ele:

> É uma ideia luminosa e auxiliadora essa de que o tempo não seja senão um meio relativo de ver as coisas; atravessamos os fenômenos com certa velocidade definida,

e interpretamos esse avanço subjetivo de maneira objetiva, como se os acontecimentos se passassem também nessa ordem e exatamente com essa velocidade. Mas pode ser que isso não seja senão uma maneira de ver as coisas. Pode bem ser que os acontecimentos estejam sempre existentes, tanto os do passado como os do futuro, e que sejamos nós que constantemente passemos por eles, e não eles que aconteçam. A analogia de um indivíduo em um trem é, para esse caso, muito útil; se ele nunca pudesse sair do trem ou alterar a sua velocidade, naturalmente julgaria as paisagens necessariamente sucessivas, sendo incapaz de conceber a sua coexistência. Ocorre-nos, pois, a possibilidade de haver no tempo um aspecto quadridimensional, sendo, portanto, o decorrer inexorável do tempo apenas uma parte natural de nossas atuais limitações. E, se compreendermos bem a ideia de que o passado e o futuro possam realmente estar existindo agora, podemos conceder que eles possam ter influência dominadora sobre todas as ações presentes, podendo os dois, juntos, constituir aquele "plano superior" ou totalidade das coisas que somos levados a buscar, em relação à direção da forma ou determinismo, e a ação dos seres humanos conscientemente dirigida para um fim nítido e preconcebido.

O tempo não é, realmente, de modo algum a quarta dimensão; mas considerá-lo, de momento, desse ponto de vista não deixa de ser útil para, de algum modo, atingirmos o inatingível. Suponha-se que temos um cone de madeira apontado perpendicularmente para uma folha de papel, e que pouco a pouco o fazemos atravessar essa folha, começando pelo vértice. Um micróbio que vivesse na superfície dessa folha de papel, sem poder conceber qualquer coisa fora dessa superfície, não só nunca poderia ver o cone como um todo como sequer poderia formar conceito algum de tal corpo. Apenas veria o súbito aparecimento de um pequeno círculo, que, pouco a pouco e misteriosamente, iria crescendo até desaparecer de seu mundo tão súbita e misteriosamente como tinha chegado.

Assim, o que eram realmente várias seções do cone pareceriam a esse micróbio apenas fases sucessivas na vida de um círculo, e ser-lhe-ia impossível formar a ideia de que essas fases se podiam ver simultaneamente. Contudo, é-nos fácil, vendo o fato de outra dimensão, ver que o micróbio é vítima de uma ilusão originada em suas limitações, e que o cone existe sempre como conjunto. A nossa ilusão com respeito ao passado, ao presente e ao futuro talvez não seja diferente, e a visão que se tem de qualquer sequência de acontecimentos desde o plano búdico corresponde a essa noção do cone como conjunto. É claro que qualquer tentativa de tornar clara em nosso espírito essa ideia dá conosco em uma série de paradoxos confusos; mas o fato continua sendo verdadeiro, e o tempo virá quando será claro como o dia para nós.

Quando a consciência do discípulo está completamente desenvolvida no plano búdico, a previsão perfeita é-lhe, portanto, possível, ainda que ele não possa – com certeza que não pode – trazer todo o resultado de sua visão completa e claramente para essa luz. Ainda assim, uma grande quantidade de lúcida previsão lhe é possível sempre que ele a queira exercer; e mesmo quando ele a não esteja exercendo, vislumbres frequentes de previsão lhe aparecem na vida cotidiana, de modo que muitas vezes tem uma intuição instantânea de como as coisas vão acontecer antes que elas sequer esbocem esse caminho. Aquém dessa previsão perfeita, vemos, como nos casos anteriores, que existem todos os graus desse tipo de clarividência, desde os casuais vagos pressentimentos a que se não pode chamar vidência, até à dupla vista frequente e mais ou menos perfeita. A faculdade, a que se tem dado esse nome, aliás, pouco claro, de "dupla vista", é muito interessante e bem compensaria um estudo mais cuidadoso e sistemático do que até aqui dela se tem feito. Essa faculdade é especialmente conhecida de nós como muitas vezes possuída pelos montanheses escoceses, ainda que se não limite a eles. Exemplos casuais de sua posse têm aparecido em quase todas as nações, mas sempre tem sido mais frequente entre montanheses e gente de vida solitária. Nós, na Inglaterra, geralmente falamos dela como sendo apanágio exclusivo da raça celta, mas a verdade é que se tem revelado em toda a parte do mundo entre povos semelhantemente situados. Diz-se, por exemplo, que é vulgaríssima entre os camponeses da Westfália. Por vezes, a dupla vista consiste em um quadro mostrando claramente qualquer acontecimento futuro; mais frequentemente, porém, o vislumbre do futuro é dado por qualquer visão simbólica. É de notar que os acontecimentos previstos são invariavelmente os desagradáveis – sendo a morte o mais vulgarmente previsto; não me ocorre caso algum em que a dupla vista haja revelado qualquer coisa que não fosse triste. Ela tem um horrível simbolismo que lhe é próprio – um simbolismo de mortalhas e tochas e outros horrores fúnebres. Em alguns casos parece depender, até certo ponto, da localidade, porque se diz que os habitantes da ilha de Skye que possuem essa faculdade muitas vezes a perdem quando saem da ilha, ainda que seja apenas uma pequena viagem à outra costa. O dom de tal visão é, por vezes, hereditário em uma família durante gerações, mas essa regra não é invariável, porque a dupla vista, às vezes, aparece esporadicamente em indivíduo pertencente a uma família livre de sua triste posse. Já citamos um exemplo em que a nítida visão de um acontecimento futuro se deu, por meio da dupla vista, com alguns meses de antecedência. Vamos citar outro, mais notável ainda, que relato exatamente como me foi contado por um dos que nele tomaram parte.

> Metemo-nos pela floresta adentro e havia uma hora que caminhávamos sem resultado, quando Cameron, que, por acaso, estava a meu lado, de repente parou, empalideceu e, apontando em frente, disse numa voz cheia de terror:
> – Olhem! Olhem! Por amor de Deus, olhem para ali!
> – Onde? O quê? O que é?! – perguntamos todos confusamente, correndo para ele e olhando em roda e esperando encontrar um tigre, uma cobra, nem sabíamos o quê, mas por certo qualquer coisa horrorosa, visto que fora o bastante para causar ao nosso camarada, em geral tão seguro de seus nervos, uma emoção tão visível. Mas não se via tigre nem cobra – nada, senão o Cameron, lívido, de olhos esbugalhados, a apontar para qualquer coisa que nós não víamos.
> – Cameron! Cameron! – disse eu, sacudindo-o pelo braço. – Fala, por amor de Deus! O que é que aconteceu?
> Mal tinha dito isso quando ouvi um som leve, mas mui-

to estranho, e Cameron, deixando cair a mão com que apontava, disse, numa voz tensa e trêmula:

– Ouviste? Ouviste? Graças a Deus que acabou! – e caiu no chão sem sentidos. Houve uns momentos de confusão, enquanto lhe desapertávamos o colarinho e eu lhe borrifava a cara com alguma água, que, felizmente, trouxera comigo, e outro lhe tentava fazer beber uns goles de aguardente; e, enquanto isso se fazia, perguntei em segredo ao indivíduo a meu lado (um dos mais céticos entre nós, por sinal):

– Você ouviu qualquer coisa, Beauchamp? – Sim, lá isso ouvi – respondeu. – Um som curioso, muito curioso; uma espécie de estrondo ou estralejar muito longe, mas perfeitamente nítido; se não fosse inteiramente impossível, era capaz de jurar que era o som de uma descarga.

– É exatamente a impressão que eu tive – murmurei. – Mas, basta! Ele já está melhor.

Num minuto ou dois o Cameron já podia falar e começou por nos agradecer e por pedir desculpa de nos dar todo esse trabalho; daí a pouco, sentou-se contra uma árvore e, numa voz firme, se bem que ainda baixa, disse:

– Meus caros amigos, sinto que lhes devo uma explicação por causa do meu procedimento extraordinário. É uma explicação que eu muito preferia não dar; mas, como ela tem de vir, tanto faz dá-la agora como depois. Sem dúvida que já repararam que, quando durante a nossa viagem, vocês todos, falando de sonhos, visões etc., riam de tudo isso, eu fugi sempre a dar qualquer opinião sobre o assunto. Fi-lo não só porque não queria acarretar sobre mim o ridículo, ou, mesmo, estabelecer discussão, mas também porque sabia perfeitamente, pela minha própria triste experiência, que o mundo a que os homens costumam chamar de sobrenatural é tão real como – talvez mais real do que – este mundo que vemos à nossa roda. Em outras palavras, eu, como tantos outros escoceses meus compatriotas, tenho o maldito dom da dupla vista – essa terrível faculdade que prevê em sonhos calamidades que em breve acontecerão. Foi uma visão dessas que acabo de ter e o seu grande horror comoveu-me ao ponto que viram. Vi diante de mim um cadáver – não de um indivíduo que tenha morrido uma morte natural e sossegada, mas da vítima de qualquer

> terrível desastre; uma massa horrível, sem forma, com uma cara inchada, esmagada, impossível de conhecer. Vi esse horrível objeto ser metido em um caixão e rezado sobre ele o serviço fúnebre. Vi o cemitério, vi o padre; e, se bem que nunca os tivesse visto antes, tenho ambos presentes agora mesmo na minha visão anterior; vi-me a você, a mim, ao Beauchamp, a todos nós e a muitos mais, em volta do caixão; vi os soldados erguerem as espingardas depois do fim dos responsos; ouvi a descarga – e foi então que desmaiei.
> Quando ele falou dessa descarga, senti um arrepio e olhei para Beauchamp; nunca me esquecerei da expressão de profundo horror que havia no rosto daquele cético.

Isso não passa de um incidente (e de modo algum o principal) em uma notabilíssima história de experiência psíquica, mas, como de momento estamos apenas tratando do exemplo de dupla vista que figura nessa história, basta que se diga que, mais tarde, no mesmo dia, o grupo de militares de que falamos encontrava o seu comandante na horrorosa condição tão nitidamente descrita pelo sr. Cameron. A narrativa continua:

> Quando, na noite seguinte, chegamos ao nosso destino, e que a nossa triste narrativa tinha sido devidamente registrada pelas autoridades competentes, Cameron e eu fomos dar um pequeno passeio, para ver se a influência tranquilizadora da natureza nos tirava pelo menos parte da tristeza que nos acabrunhava. De repente, ele agarrou-me no braço e, apontando através de uma pequena divisória, disse com voz trêmula:
> – Olha! Lá está! Lá está o cemitério que vi ontem.
> E, quando mais tarde, fomos apresentados ao capelão do posto, reparei, ainda que os meus companheiros o não fizessem, no arrepio irreprimível que percorreu o corpo de Cameron ao apertar a mão do sacerdote, e vi que tinha reconhecido o oficiante no enterro de sua visão.

Quanto à explicação oculta de tudo isso, parece-me que a visão do sr. Cameron foi um puro caso de dupla vista e, se assim é, o fato de que os dois indivíduos que estavam mais perto dele (um com certeza – e talvez os dois – tocando-lhe mesmo) tomaram parte nessa visão, pelo menos quanto a ouvir a descarga final, ao passo que tal não aconteceu aos que estavam mais afastados, indica que a intensidade com que a visão se imprimiu no vidente ocasionou vibrações em seu corpo mental que se comunicaram àquelas pessoas em contato com quem estava, como na vulgar transmissão de pensamento. Quem quiser ler o resto da história encontrá-la-á nas páginas de ***Lucifer***, vol. XX, p. 457.

Podíamos, com facilidade, reunir dezenas de exemplos de natureza idêntica a este. Com respeito à variedade simbólica dessa vista, diz-se vulgarmente entre os que a possuem que se, ao encontrarem um vivo, veem uma mortalha envolvendo-o, isso é sinal seguro de sua própria morte. A data da doença que o vitimará é indicada, quer pelo ponto a que a mortalha lhe envolve o corpo, ou pela hora do dia a que se vê a visão; porque se é de manhã cedo, dizem que o indivíduo morrerá nesse mesmo dia, mas se for de tarde, que será apenas durante o ano. Outra variante (e notável) de forma simbólica da dupla vista é aquela em que a pessoa, cuja morte por aí se prevê, surge ao vidente em uma aparição sem cabeça. Um caso desse gênero é citado em ***Sinais antes da Morte*** como tendo acontecido na família do dr. Ferrier, ainda que aí, se bem me lembro, o caso se não tivesse dado senão à hora da morte, ou muito perto dela.

Passando do caso de videntes que estão regularmente de posse de certa faculdade, ainda que as manifestações dela apenas algumas vezes estejam subordinadas à sua vontade, encontramos um grande número de casos isolados de previsão em indivíduos em quem essa faculdade não é de modo algum regular e certa. Talvez que a maioria destes aconteça em sonhos, se bem que haja exemplos de visões dessas em vigília. Às vezes, a previsão diz respeito a um acontecimento de real importância para o vidente, e assim justifica a ação do Eu em ter o trabalho de a fixar. Em outros casos, o acontecimento é sem importância aparente, ou não tem relação alguma com o indivíduo que o vê. Às vezes, é claro que a intenção do Eu (ou da entidade comunicadora, seja ela qual for) é avisar à personalidade inferior da aproximação de qualquer calamidade, quer para que essa calamidade se evite, quer (se isso não for possível) para que a dor que causa seja diminuída pela preparação. O acontecimento mais vulgarmente assim previsto é (talvez porque assim é natural) a morte – às vezes, a morte do próprio vidente; às vezes, a de alguém que lhe é caro. Esse gênero de previsão é tão vulgar na literatura do assunto e o seu fim tão evidente, que escusamos de citar exemplos dela; mas um ou dois casos em que a visão profética, ainda que claramente útil, ainda assim foi de um tipo menos sombrio, talvez tenham algum interesse para o leitor. O que segue é tirado daquele repositório do estudioso das coisas estranhas, ***O Lado Noturno da Natureza***, de Mrs. Crowe, à p. 72:

Há alguns anos, o dr. Watson, atualmente residente em Glasgow, sonhou que era chamado para ver um doente que morava a uma distância de algumas milhas do lugar onde vivia; que partiu para lá a cavalo, e que, ao atravessar uma charneca, viu, correndo para atacá-lo, um touro, a cujo assalto só escapou fugindo para um lugar inacessível ao animal, onde se demorou muito tempo até que apareceam várias pessoas que, observando a sua situação, vieram em seu auxílio e o libertaram.

Estava almoçando na manhã seguinte, quando veio a chamada; achando graça da curiosa coincidência (pois assim lhe pareceu), montou a cavalo e partiu. Não conhecia a estrada por onde tinha que seguir, mas daí a pouco chegava à charneca, que reconheceu, e instantes depois surgia o touro, correndo para ele furiosamente. Mas o sonho tinha-lhe revelado o lugar de refúgio, para onde se dirigiu imediatamente; ali passou três a quatro horas, sitiado pelo touro, até que vieram uns camponeses que o livraram. O dr. Watson declara que, se não fosse o seu sonho, não teria sabido em que direção correr para se salvar.

Outro caso, em que um intervalo muito maior ocorreu entre o aviso e o fato, é dado pelo dr. F.G. Lee, em ***Vislumbres do Sobrenatural***, vol. I, p. 240:

> Mrs. Hannah Green, governanta de uma família da província em Oxford, sonhou uma vez que tinha ficado sozinha em casa num domingo à noite, e que, ouvindo bater à porta principal, a tinha ido abrir, encontrando um vadio mal encarado, armado de um cacete, que quis imediatamente meter-se pela casa dentro. Parece-lhe que, no sonho, ela tentou resistir e evitar a entrada do homem, mas sem o conseguir, pois que, agredida por ele

e caindo no chão sem sentidos, ele pôde então entrar à vontade. Nisto acordou.

Como durante bastante tempo nada acontecesse, o sonho foi-lhe esquecendo, e, como ela própria diz, acabou por já não pensar nele. Sete anos depois, porém, esta mesma governanta ficou com duas outras criadas a tomar conta de uma casa um pouco isolada em Kensington (que veio depois a ser a casa de cidade da mesma família), quando, numa noite de domingo, tendo ambas as criadas saído e estando só ela em casa, uma pancada à porta de repente a sobressaltou.

De repente, a memória do seu antigo sonho voltou-lhe com estranha e forte nitidez; ela sentiu agudamente a sua situação isolada. Por isso, tendo imediatamente acendido um candeeiro no átrio – e durante este tempo todo continuavam a bater à porta – tomou a precaução de ir espreitar pela janela que do patamar de cima dava sobre a porta da rua; foi grande o seu terror quando viu, em carne e osso, o indivíduo que havia anos havia visto no seu sonho, armado com o mesmo cacete e exigindo que lhe abrissem a porta.

Com grande presença de espírito, ela desceu à entrada principal, correu quantos mais fechos ela tinha, tornou mais seguras as janelas, tocou quantas campainhas havia na casa e iluminou os quartos do primeiro andar. Parece que isto tudo teve o desejado efeito, pois que o vadio desapareceu.

Evidentemente que também nesse caso o sonho foi realmente útil, visto que, se o não tivesse tido, a governanta teria sem dúvida aberto a porta, como de costume, quando ouviu bater.

Não é, porém, só em sonhos que o Eu fixa em sua personalidade inferior aquilo que julga bom que ela saiba. Muitos casos dessa ordem podiam ser extraídos dos livros, mas, em lugar de citar dali, referirei um caso que há algumas semanas me contou uma senhora minha conhecida – um caso que, ainda que o não realce nenhum incidente romântico, tem pelo menos a vantagem de ser novo.

Essa senhora tem duas filhas pequenas e, há pouco, uma delas apanhou (julgava a mãe) uma grande gripe, sofrendo durante alguns dias de obstrução completa na parte superior do nariz. A mãe ligou pouca importância a isso, julgando que breve passaria; até que um dia, de repente, viu diante de si no ar o que ela descreve como sendo um quadro de um quarto, ao centro do qual estava uma mesa em que a filhinha jazia imóvel ou morta, estando vários indivíduos debruçados sobre ela. Ela viu a cena em seus mínimos detalhes e especialmente reparou que a pequena tinha uma camisola branca, o que estranhou, porque todas que tinha eram cor-de-rosa.

A visão a impressionou bastante e, pela primeira vez, fez com que lhe ocorresse que talvez a criança tivesse qualquer coisa mais séria do que uma gripe, em vista do que a levou ao hospital para a examinarem. O médico que a atendeu descobriu que ela tinha um pólipo no nariz, que devia ser o quanto antes extraído. Poucos dias depois, a criança foi levada para o hospital, para a operarem, e deitada em uma cama. Quando a mãe chegou ao hospital, viu que se tinha esquecido de trazer uma camisola da pequenina, de modo que as enfermeiras tiveram de arranjar uma, que era *branca*. Com essa camisola branca vestida é que a criança foi, no dia seguinte, operada, no quarto que a mãe tinha visto na visão, cujos detalhes, todos, exatamente se deram.

Em todos esses casos, a previsão conseguiu o resultado para que viera, mas os livros estão cheios de avisos a que não se prestaram atenção ou se não deram importância, e das desastrosas coisas que vieram a acontecer. Em alguns casos, a informação é dada a alguém que mal se pode dizer que possa intervir no assunto, como no histórico exemplo em que John Williams, gerente de uma empresa mineira em Cornwall, previu, em seus mínimos detalhes, oito ou nove dias antes de se dar, o assassínio do sr. Spencer Perceval, então Chanceler das Finanças, no átrio da Casa dos Comuns. Mesmo nesse caso, porém, é vagamente possível que alguma coisa se pudesse ter feito, porque lemos que o sr. Williams ficou tão impressionado que consultou amigos sobre se deveria ou não ir a Londres avisar o sr. Perceval. Infelizmente, eles o dissuadiram disso, e o assassínio deu-se. Não parece, de resto, muito provável que, mesmo se ele tivesse ido a Londres e contado a sua história lhe ligassem grande importância, mas, em todo o caso, sempre é possível que se houvesse tomado algumas medidas preventivas, pelas quais o assassínio se evitasse. Poucos elementos temos que nos mostrem que ação especial nos planos superiores levou a essa curiosa visão profética. Os dois indivíduos não eram conhecidos, de modo que a visão não foi causada por nenhuma simpatia pessoal. Se se trata de uma tentativa de qualquer Auxiliar para evitar o acontecimento, parece estranho que não se encontrasse uma criatura impressionável mais perto do que em Cornwall. Talvez que o sr. Williams, quando no plano astral durante o sono, de qualquer modo encontrasse essa imagem do futuro e, assustando-o ela (o que é naturalíssimo), assim a passasse ao seu ser inferior, na vaga esperança de que qualquer coisa se pudesse fazer para evitá-la; mas é impossível fazer do caso um diagnóstico acurado sem examinar os registros akáshicos para saber o que na verdade aconteceu.

Um caso típico da previsão absolutamente inútil é aquele que conta o sr. Stead, em seu livro ***Histórias Verdadeiras de Espectros*** (p. 83), a propósito de sua conhecida Miss Freer, mais citada como Miss X. Quando estava passando uns dias em uma casa de campo, essa senhora, estando perfeitamente desperta e consciente, viu, uma vez, uma charrete, puxada por um cavalo branco, parada à porta da casa; nela estavam dois estranhos, um dos quais desceu da charrete e ficou a brincar com um cão que por ali andava. Ela reparou que esse indivíduo estava de sobretudo e viu, também, nítidos, os sinais recentes das rodas da charrete na terra. Mas, ao tempo, não estava ali carro nenhum; meia hora depois, porém, surgiram dois estranhos dentro de uma charrete, e a visão, que essa senhora havia tido, realizou-se em todos os seus detalhes. O sr. Stead cita, a seguir, outro caso de previsão igualmente inútil, onde sete anos mediaram entre o sonho (dessa vez tratava-se de um sonho) e a sua realização.

Todos esses casos (e são apenas exemplos citados ao acaso dentre muitas centenas deles) mostram que certa dose de previsão é, sem dúvida, possível ao Eu, e esses casos seriam, sem dúvida, muito mais frequentes se não fosse a excessiva densidade e falta de vibração correspondente nos instrumentos inferiores da maioria do que nós chamamos de humanidade civilizada – qualidades principalmente atribuíveis ao crasso materialismo prático de nossa época. Não me refiro a qualquer profissão de fé materialista como sendo coisa vulgar, mas sim ao fato de que nas coisas práticas da vida cotidiana quase toda a gente é guiada apenas por considerações de interesse material de uma forma ou outra. Em muitos casos, o próprio Eu pode ser um Eu pouco desenvolvido, e a sua previsão, por conseguinte, muito vaga; em outros, poderá ele ver claro, mas possuir instrumentos inferiores tão pouco impressionáveis que apenas consiga imprimir ao cérebro um vago presságio de desgraça iminente. Há, ainda, casos em que uma previsão é obra não do Eu, mas de qualquer entidade exterior, que, por qualquer razão, sente interesse pela pessoa a quem dá esse sentimento. Na obra que citei, o sr. Stead refere-se à certeza que teve, muitos meses antes, de que assumiria a direção da ***Pall Mall Gazette***, ainda que, de um ponto de vista normal, nada parecesse menos provável. Se esse pré-conhecimento foi resultado de uma impressão dada pelo seu próprio Eu ou de qualquer aviso amigável de qualquer entidade estranha, é impossível dizer sem que se investigue, mas o fato é que a confiança nesse pressentimento foi amplamente justificada.

Há ainda uma variedade de clarividência no tempo que não deve passar sem referência. É relativamente rara, mas há dela bastantes exemplos para que a devamos referir, ainda que, infelizmente, os detalhes dados em geral não incluam aqueles que nos seriam essenciais para que pudéssemos fazer um diagnóstico seguro. Refiro-me aos casos em que exércitos espectrais ou rebanhos espectrais foram vistos. Em ***O Lado Noturno da Natureza*** (p. 462 e seguintes), temos vários exemplos dessas visões. Ali se conta como, em Havarah Park, junto de Ripley, vários batalhões de soldados – umas centenas, ao todo – foram vistos por pessoas merecedoras de crédito a fazer várias manobras e, em seguida, desaparecer; e como, alguns anos antes, um exército visionário semelhante foi visto na vizinhança de Inverness por um lavrador e seu filho, ambos criaturas respeitáveis.

Nesse caso, também, o número dos soldados era muito grande, e os dois espectadores não tiveram, a princípio, a menor dúvida de que se tratava de gente de carne e osso. Contaram, pelo menos, 16 seções duplas, e tiveram bastante tempo para observar todos os detalhes. Os que iam à frente marchavam sete a sete e eram acompanhados por muitas mulheres e crianças, que levavam latas e outros apetrechos de cozinha. Os soldados iam fardados de vermelho e as armas luziam ao Sol. No meio deles ia um animal – uma corça ou um cavalo (não puderam ver bem o que era) – que eles aguilhoavam furiosamente à baioneta.

O mais novo dos espectadores observou para o outro que, de vez em quando, as últimas filas tinham de correr para apanhar as dianteiras; o mais velho, que tinha prestado serviço militar, observou ter sido esse sempre o caso, recomendando-lhe que, se alguma vez viesse a assentar praça, visse sempre se conseguia marchar nas primeiras filas. Havia só um oficial a cavalo; o cavalo era cinzento, e o oficial tinha um capacete ornamentado a dourados e uma capa azul de hussardo, com largas mangas forradas de encarnado. Os dois espectadores observaram-no tanto que disseram que o reconheceriam em qualquer parte. Tiveram, porém, receio de ser maltratados ou de ser forçados a acompanhar as tropas, que lhes pareceu que deviam ter vindo da Irlanda, tendo desembarcado em Kyntyre; e, enquanto trepavam por cima de uma barreira para sair do caminho, tudo aquilo de repente desapareceu.

Um fenômeno da mesma ordem se observou no princípio do século XIX em Paderborn, na Westfália, sendo observado por cerca de trinta pessoas; mas como, uns anos depois, uma revista a uns vinte mil soldados se realizou naquele mesmo lugar, concluiu-se que a visão fora uma espécie de dupla vista – faculdade não rara naquele distrito. Esses exércitos espectrais aparecem, porém, às vezes, onde um exército de homens normais de modo algum poderia marchar, nem antes nem depois da visão. Um dos mais curiosos relatos desse fenômeno é feito por Miss Harriet Martineau, em sua descrição de ***Os Lagos Ingleses***. Escreve ela:

> Esse Souter ou Souter Fell é aquela montanha sobre a qual espectros apareciam aos milhares, a intervalos, durante dez anos no século passado, apresentando o mesmo aspecto a 26 testemunhas escolhidas, e a todos os habitantes de todas as casinhas de onde se podia ver a montanha, e isso por um espaço de duas horas e meia de cada vez – a passagem espectral acabando pela escuridão! A montanha, note-se bem, está cheia de precipícios, que tornam impossível toda a marcha de um número qualquer de homens; e, do lado norte e oeste, mostra

uma face perpendicular de novecentos pés de altura. Nas vésperas de São João, em 1735, um criado do lavrador sr. Lancaster, estando a uma distância de meia milha da montanha, viu o lado oriental de seu cimo coberto de tropas, que, durante uma hora, prosseguiram em sua marcha. Vinham, em massas separadas, de uma saliência no lado norte e desapareciam em uma cavidade no píncaro. Quando o pobre homem contou a sua história, foi insultado por muita gente, como em geral acontece aos observadores originais quando veem qualquer coisa de anormal. Dois anos depois, também na véspera de São João, o sr. Lancaster viu ali alguns indivíduos, aparentemente seguindo a pé os seus cavalos, como se houvessem regressado da caça. Não deu importância a isso; mas, por acaso, tornou a olhar para lá passados uns dez minutos e viu as figuras, agora montadas e seguidas por uma massa interminável de tropa, cinco a cinco, marchar da tal saliência para a cavidade no píncaro como dantes. Toda a família viu isso, assim como as manobras da força, à medida que cada batalhão era mantido em ordem por um oficial a cavalo, que galopava de um lado para o outro. À medida que caía o crepúsculo, a disciplina parecia enfraquecer, e as tropas, misturando-se, prosseguiram a passo irregular, até que tudo se perdeu na escuridão. Foi agora, é claro, a vez dos Lancaster serem insultados por toda a gente, como tinha acontecido ao seu criado; mas não tardou que viesse a sua justificação. Na véspera de São João do terrível ano de 1745, 26 pessoas, especialmente para isso chamadas pela mesma família, viram tudo quanto eles tinham já visto – e mais. Carruagens estavam, agora, misturadas com as tropas e toda a gente sabia muito bem que nunca tinham estado, nem podiam estar, carruagens no cimo do Souter Fell. A multidão era enorme, porque as tropas enchiam um espaço de meia milha e marchavam rapidamente, até que a noite as escondeu, marchando ainda. Nada havia de vaporoso ou indistinto no aspecto desses espectros. Tão reais pareciam, que, no dia seguinte, alguns dos espectadores da véspera subiram a montanha para ver se lá estavam os sinais das ferraduras dos cavalos; grande foi o seu terror quando não viram sinal de pé humano ou ferradura na erva ou na terra. As testemunhas fizeram disso

> depoimento jurado perante um juiz, e foi, por conseguinte, terrível a expectativa de toda aquela região a respeito dos acontecimentos próximos da rebelião escocesa.
> Soube-se, então, da existência de mais duas pessoas que tinham visto qualquer coisa de análogo no intervalo, isto é, em 1743, mas o tinham ocultado, para escapar aos insultos de que haviam sido vítimas seus vizinhos.
> O sr. Wren, de Wilton Hall, e um criado seu, viram, uma tarde de verão, um homem e um cão sobre a montanha perseguindo alguns cavalos em um lugar tão íngreme que era absolutamente impossível que qualquer cavalo ali se aguentasse. A velocidade com que corriam era prodigiosa e tão rápido foi o seu desaparecimento na extremidade sul do Fell que o sr. Wren e o criado subiram até lá, na manhã seguinte, à busca do cadáver do homem, que, com certeza, devia ter morrido. De homem, cavalo ou cão não encontraram nem um sinal, por isso desceram e calaram-se. Quando chegaram a falar, não foram tratados com mais consideração por terem 26 companheiros na desgraça.
> Quanto à explicação, o diretor do ***Lonsdale Magazine*** declarou (vol. II, p. 313) "que se descobriu que, na véspera de São João de 1745, os revoltosos estiveram fazendo manobras na costa ocidental da Escócia, e os seus movimentos foram refletidos por qualquer vapor transparente análogo à Fada Morgana". Não se pode dizer que seja uma explicação muito satisfatória, mas, que saibamos, é a única que até agora apareceu. Esses fatos, porém, fizeram com que se citassem muitos outros, como a marcha espectral, do mesmo gênero, observada em Leicestershire, em 1707, e a tradição da marcha de tropas sobre o Helvellyn na véspera da batalha de Marston Moor.

Outros casos se citam em que rebanhos de carneiros espectrais têm sido vistos em certas estradas, e existem, é claro, várias histórias alemãs de cavalgadas espectrais de caçadores e de salteadores. Ora, nesses casos, como tanto acontece na investigação de fenômenos ocultos, há várias causas possíveis, cada uma das quais bastaria para produzir as ocorrências observadas, mas, na ausência de detalhes mais completos, pouco mais se pode fazer do que lançar uma hipótese sobre as causas prováveis que estavam em operação naquele momento.

A explicação mais vulgarmente dada (quando toda a história não é posta de parte, por se considerar falsa) é que o que se vê é um reflexo, por miragem, do movimento de um exército real, que esteja manobrando ou marchando a uma distância considerável. Eu próprio, por várias vezes, vi a miragem vulgar, e sei, portanto, qualquer coisa de seus espantosos poderes de decepção; mas parece-me que seria preciso que arranjássemos qualquer variedade nova de miragem, inteiramente diferente daquela que a ciência atual conhece, para explicar esses casos de exércitos espectrais, alguns dos quais passam à distância de alguns metros do espectador.

Em primeiro lugar, podem ser, como no caso citado, e que se passou na Westfália, apenas casos de previsão em grande escala – por quem arranjados e para que fim não é fácil de adivinhar. Podem, também, muitas vezes, pertencer ao passado, e não ao futuro, e ser, de fato, reflexos de cenas dos registros akáshicos – ainda que aqui, também, não se compreenda bem a razão e o processo da imagem. Há muitas tribos de espírito de natureza perfeitamente capazes, se por qualquer razão o quisessem fazer, de produzir essas aparições pelo seu grande poder de manifestação (v. *Manual Teosófico* V, p. 60), e isso estaria perfeitamente de acordo com o prazer que têm em mistificar e impressionar os seres humanos. Ou talvez tudo isso seja bondosamente destinado por eles a avisar os seus amigos de acontecimentos que sabem que vão acontecer. Parece que deve ser qualquer explicação dessa ordem que mais satisfaça à extraordinária série de fenômenos descrita por Miss Martineau – isto é, se os relatos que lhe fizeram são dignos de crédito.

Outra possibilidade é que, em alguns casos, o que se tomou por soldados foi simplesmente um grande número de espíritos da natureza executando algumas daquelas manobras ordenadas que eles têm tanto prazer em fazer, ainda que se deva confessar que essas manobras raras vezes são de gênero que possa ser tomado por militar, a não ser por criaturas excessivamente ignorantes.

Os rebanhos de animais são, provavelmente, na maioria dos casos, meros registros, mas há casos em que eles, como os "caçadores selvagens" do conto alemão, pertencem a uma classe de fenômenos inteiramente diferente, e que está de todo fora do assunto que ora tratamos.

Os estudiosos do oculto devem saber que as circunstâncias que cercam qualquer cena de terror intenso ou intensa paixão são suscetíveis de ser por vezes reproduzidas em uma forma que precisa apenas de pequeno desenvolvimento de faculdades "psíquicas" para poder ver; e, por vezes, tem acontecido que vários animais formavam parte dessas circunstâncias, e estes são, por isso, periodicamente reproduzidos pela ação da má consciência do assassino (v. *Manual Teosófico* V, p. 83). Provavelmente, o que haja de realmente verdade nas várias histórias de cavaleiros espectrais ou grupos espectrais de caçadores deve pertencer a essa categoria. É esta também a explicação, evidentemente, de algumas das visões de exércitos espectrais, como aquela da notável reprodução da cena da batalha de Edgehill, que parece ter-se dado várias vezes durante alguns meses depois da data do combate, conforme o testemunharam um juiz de paz, um sacerdote e outras testemunhas oculares, em um curioso panfleto contemporâneo intitulado ***Prodigiosos Ruídos de Guerra e de Combate em Edgehill, perto de Keinton, em Northamptonshire***. Segundo se diz nesse panfleto, esse caso foi investigado ao tempo por alguns oficiais do exército, que reconheceram nitidamente algumas das figuras espectrais que viram. Isso parece, sem dúvida, ser um exemplo do terrível poder que têm as paixões violentas do homem de se reproduzirem e efetuarem, de qualquer estranha maneira, uma espécie de materialização de seu registro.

Em alguns casos, é evidente que os rebanhos vistos não deviam passar de simples hordas de elementais artificiais de vil espécie que tomavam essa forma para se alimentarem das emanações horrendas de lugares especialmente horrorosos, como poderia ser o sítio de uma forca. Um exemplo disso é dado pelos chamados "Gyb Ghosts", ou espectros da forca, descritos em ***Mais Vislumbres do Mundo Invisível***, p. 109, como sendo repetidamente vistos sob a forma de manadas de estranhos e disformes animais de aspecto suíno, correndo, escavando e debatendo-se noite após noite no sítio desse horrível monumento do crime. Mas estes pertencem mais ao assunto aparições do que ao assunto clarividência.

9. MÉTODOS DE DESENVOLVIMENTO

Quando um indivíduo se convence da realidade do valioso poder da clarividência, a sua primeira pergunta é geralmente: "Como posso eu, no meu caso, desenvolver essa faculdade, que se diz estar latente em toda a gente?"

Ora, o fato é que há muitos métodos pelos quais ela pode ser desenvolvida, mas um só que se possa seguramente recomendar a qualquer pessoa – aquele que referiremos em último lugar. Entre as nações menos avançadas do mundo, o estado clarividente tem sido produzido de várias maneiras menos recomendáveis; entre algumas das tribos não árias da Índia, pelo uso de drogas perturbadoras ou de inalações de fumo estonteante; entre os dervixes, pelo processo de girar até cair em vertigem e insensibilidade; entre os sequazes das abomináveis práticas do culto do Vodu, por horrendos sacrifícios e ritos mágicos. Esses métodos não estão, felizmente, em uso em nossa raça. Contudo, mesmo entre nós, alguns praticantes dessa arte antiga adotam qualquer plano de auto-hipnotização, como olhar fixamente para um ponto luminoso ou repetir qualquer fórmula até que se produza um estado de semiestupefação; ao passo que outra escola pretende chegar a esses resultados pelo emprego de alguns dos sistemas hindús de domínio da respiração.

Todos esses métodos devem ser inteiramente condenados como pouco seguros para que os pratique o indivíduo vulgar que não tem bem ideia do que está fazendo – que está simplesmente a fazer experiências em um mundo desconhecido.

Mesmo o método de obter clarividência deixando-se hipnotizar por outro indivíduo é daqueles perante os quais eu recuaria com a maior das repugnâncias; e sem dúvida que nunca deve ser tentado, exceto em condições de absoluta confiança e afeição entre o magnetizador e o magnetizado, e de uma perfeição de pureza em coração e alma, em espírito e intenção, difícil de encontrar exceto entre os maiores dos santos.

As experiências em relação ao transe mesmérico são do maior interesse, visto que oferecem (dentre outras vantagens) a possibilidade de provar ao cético a existência da clarividência, mas, exceto nas condições a que referi – condições, admito, de quase impossível realização –, eu não aconselharia a ninguém que se oferecesse para magnetizado.

O mesmerismo curativo (no qual, sem levar o paciente até ao estado de transe, se faz um esforço para aliviar os seus padecimentos, para curá-lo de qualquer doença ou para lhe aumentar a vitalidade por meio de passes magnéticos) é uma coisa inteiramente diferente; e se o mesmerizador, ainda que sem instrução nisso, tem saúde e está animado de boas intenções, não é natural que aconteça algum mal ao mesmerizado. Em um caso tão extremo como o de uma intervenção cirúrgica, um indivíduo pode razoavelmente submeter-se mesmo ao transe mesmérico, mas é preciso acentuar que não é estado com que se deva fazer experiências.

De resto, a alguém que me honrasse pedindo-me a opinião sobre o assunto, eu aconselharia que não tentasse qualquer investigação sobre o que para ele ainda seriam as forças ocultas da natureza, sem que primeiro tivesse lido cuidadosamente quanto se tem escrito sobre o assunto ou – o que é ainda melhor – sem que tivesse a guiá-lo um professor qualificado.

Mas onde, dir-se-á, é que existe esse professor qualificado: não, por certo, entre aqueles que se anunciam como professores, que oferecem por tantas libras ensinar os mistérios sagrados das eras, ou que têm "círculos de desenvolvimento", onde se dá entrada a quaisquer pessoas mediante o pagamento de um tanto por cabeça.

Muito se tem dito neste livro sobre a necessidade de uma instrução cuidadosa – das imensas vantagens do clarividente *instruído* sobre o que não é; mas isso apenas nos traz outra vez para o mesmo ponto – onde é que se pode ir buscar essa *instrução* agora?

A resposta é que essa instrução se pode receber onde sempre se pode receber desde o início da história do mundo – às mãos da Grande Fraternidade Branca dos Adeptos, que está agora, como sempre esteve, por detrás da evolução humana, guiando-a e auxiliando-a sob o domínio das grandes leis cósmicas, que, para nós, representam a Vontade do Eterno.

Mas como, perguntar-se-á, é que se pode entrar em comunicação com eles? Como é que o aspirante ansioso por conhecer pode fazer-lhes constar o seu desejo de ser instruído? Mais uma vez se diga: é ainda pelos métodos de sempre. Não há método novo pelo qual um indivíduo se qualifique sem trabalho para se tornar discípulo nessa Escola – não há estrada real para a sabedoria que nela se pode adquirir. Hoje, como nas brumas da antiguidade, o homem que deseja chamar a atenção deles deve entrar no caminho lento e laborioso do desenvolvimento de si próprio – deve aprender, antes de tudo, a dominar-se e tornar-se tudo quanto deve ser. Os degraus desse caminho não são segredos; citei-os em detalhe em ***Auxiliares Invisíveis***, e por isso não preciso aqui repeti-los. Mas o caminho não é fácil de seguir; contudo, todos terão de segui-lo, mais tarde ou mais cedo, porque a grande lei da evolução pouco a pouco, mas irresistivelmente, leva a humanidade para o seu destino.

Daqueles que se estão aglomerando à entrada para esse caminho, os Mestres escolhem os seus discípulos, e é só tornando-se digno de ser ensinado que um indivíduo pode conseguir que o ensinem. Sem essa qualificação, de nada servirá ser membro de qualquer Loja ou Sociedade, secreta ou não. É certo, como todos sabemos, que foram às instâncias de alguns desses mestres que se fundou a nossa Sociedade Teosófica, e que de suas fileiras alguns foram escolhidos para entrar em mais íntimas relações com eles. Mas essa escolha depende da sinceridade e perseverança do candidato, não do fato de ele pertencer à Sociedade ou a qualquer corpo dentro dela.

É essa, pois, a única maneira absolutamente segura de desenvolver a clarividência – entrar com toda a nossa energia para o caminho da evolução moral e mental, a um estágio da qual esta e outras das faculdades superiores espontaneamente começarão a mostrar-se. Há, porém, uma prática que todas as religiões aconselham – que, se for cuidadosa e reverentemente adotada, não poderá fazer mal a ninguém, e da qual muitas vezes tem saído um tipo muito puro de clarividência; é a prática da meditação.

Escolha um indivíduo uma certa hora em cada dia – hora em que tenha a certeza de que o não perturbarão, ainda que deva ser preferivelmente de dia e não de noite – e dedique-se durante esse tempo a manter o seu espírito inteiramente livre de todos os pensamentos materiais, seja de que espécie forem, e, atingido isso, trate de dirigir toda a força do seu pensamento sobre o ideal mais elevado que conheça. Verificará que a obtenção desse domínio do seu pensamento é imensamente mais difícil do que julga, mas, logo que ele o atinja, não pode deixar de lhe ser de todas as maneiras muito benéfico, e, à medida que ele se torna mais e mais capaz de elevar e concentrar os seus pensamentos, poderá descobrir que, pouco a pouco, ante ele se vão abrindo novos mundos.

Como exercício preliminar para o pleno êxito de tal meditação, verá que é útil exercitar-se na prática da concentração nas coisas da vida cotidiana – mesmo nas mais banais e simples. Se escreve uma carta, não pense senão na carta enquanto não a acabar; se lê um livro, trate de ver que o seu pensamento nunca se desvie do sentido do que o autor escreveu. Deve aprender a dominar o seu espírito, a ser dono dele, assim como de suas paixões inferiores; deve, pacientemente, trabalhar para obter domínio absoluto de seus pensamentos, de modo que saiba sempre em que e o que está pensando, e por que – de modo que possa usar o seu espírito como um esgrimista hábil usa o sabre.

Contudo, se aqueles que tanto desejam ter a clarividência pudessem tê-la temporariamente por um dia, ou mesmo por uma hora, é duvidoso que quisessem conservar o dom. É verdade que se abrem diante deles novos mundos para estudo, novos poderes para ser úteis, e por essa última razão muitos de nós achamos que vale a pena; mas não devemos esquecer que, para alguém cujo dever o chama a viver ainda no mundo, a clarividência não é inteiramente agradável. Sobre alguém em quem se abriu essa visão, a tristeza e a desgraça, o mal e o vício do mundo caem como um fardo constante, até que, nos primeiros dias de seu conhecimento, ele, muitas vezes, evoca o sentido doloroso daqueles versos vibrantes de Schiller:

> Dien Oiakel zu verkünden, warum warfest du mich hin In die Stadt der ewig Blinden, mit dem aufgeschloss'nen sinn? Frommfs, den Schleiei aufzuheben, wo das nahe Schreckniss dioht? Nur der Irrthum ist das Leben; dieses Wissen ist der Tod. Nimm, O nimm die tiaui'ge Klarheit mir vom Aug'den blut'gen Schein! Schrecklich ist es deiner Wahrbeit sterbliches Gefass zu seyn!

Que talvez assim possam ser traduzidos:

> Por que me lançaste assim para a cidade dos eternamente cegos, para proclamar o teu oráculo através do sentido aberto? De que serve levantar o véu quando as trevas próximas ameaçam? Só a ignorância é a vida; esta sabedoria é a morte. Leva outra vez esta triste clareza de vista; tira aos meus olhos esta luz cruel! É horrível ser o canal mortal da tua Verdade! (...) Torna a dar-me a minha cegueira, a feliz escuridão dos meus sentidos; torna a levar o teu dom terrível!

Mas este não passa, é claro, de um sentimento que desaparece, porque a visão superior breve mostra ao discípulo qualquer coisa para além da tristeza – cedo traz à sua alma a certeza esmagadora de que, seja o que for o que as aparências pareçam indicar, todas as coisas estão, sem dúvida, trabalhando juntas para a vitória final do bem de todos. Ele pondera que o pecado e o sofrimento ali estão, quer ele os veja ou não, e que, afinal, quando os pode ver, sempre está em melhor situação para poder auxiliar os outros do que se estivesse trabalhando às escuras, e assim, pouco a pouco, aprende a tomar a sua parte do pesado carma do mundo.

Há alguns tristes mortais que, tendo a boa sorte de possuir alguma coisa desse poder superior, são, porém, tão destituídos do verdadeiro sentimento que se deve ter em relação a ele, que o empregam para os fins mais sórdidos – chegando mesmo a anunciar-se como "clarividentes demonstrativos e comerciais"!

É desnecessário dizer que esse uso da faculdade é uma mera prostituição e degradação dela, mostrando que o seu infeliz possuidor de qualquer modo dela se apoderou antes que o lado moral de sua natureza esteja suficientemente desenvolvido para poder suportar o esforço que ela impõe. Uma noção da quantidade de mau carma que pode ser originado por uma ação dessas dentro em pouco transforma em compaixão o nojo que há pelo infeliz que perpetra essa loucura sacrílega.

Por vezes, objeta-se que a posse da clarividência destrói toda a intimidade e dá um poder ilimitado de explorar os segredos dos outros. Não há dúvida de que dá esse poder, mas, em todo o caso, a ideia é ingênua e ridícula para quem saiba qualquer coisa do assunto. Pode ser que tal objeção valha quando se trate dos limitados poderes do "clarividente demonstrativo e comercial", mas o homem que a assaca contra aqueles que adquiriram essa visão no decurso de seus estudos, e que, por consequência, a possuem completamente, esquece três fatos fundamentais: primeiro, que é inteiramente inconcebível que qualquer pessoa, que tenha diante de si o vasto campo para a investigação que a clarividência lhe abre, tenha o mais pequeno desejo de espreitar os segredos pequeninos de qualquer indivíduo; segundo, que, mesmo que por qualquer acaso impossível o nosso clarividente tivesse essa curiosidade indecente a propósito de assuntos de uma senhora vizinha, há, contudo, uma coisa chamada a honra de um cavalheiro, que, tanto nesse plano como neste, o inibiria de dar largas a tal curiosidade; e terceiro, que, se por um acaso e uma possibilidade inimagináveis, se encontrasse qualquer variedade de baixo *pitri*[1] com quem essas considerações não pesassem, plenas instruções são sempre dadas a cada discípulo, logo que ele comece a revelar sinais da faculdade, sobre as limitações impostas ao seu uso.

Em poucas palavras, essas restrições são que não haja curiosidade indiscreta, que não haja uso egoísta da faculdade e que não haja demonstrações de fenômenos. Quer dizer, as mesmas considerações que guiam as ações de um indivíduo reto e nobre no plano físico devem valer também nos planos astral

1 Segundo a Teosofia, os pitris lunares foram os progenitores da raça humana, por isso, são também chamados de "Pais". Eles são considerados os construtores dos princípios inferiores do homem. [Nota do editor]

e mental; que o discípulo, de modo algum e em circunstância alguma, deve usar o poder que o seu conhecimento maior lhe dá para fins de vantagens mundanas, ou, de qualquer forma que seja, para ganhar dinheiro; que nunca deve dar aquilo a que se chama entre espíritas uma "demonstração" – isto é, qualquer coisa que prove aos descrentes no plano físico que ele possui aquilo que lhes parecerá um poder anormal.

Com respeito a essa última condição, muitas vezes se tem perguntado: "Mas, por que não? Seria tão fácil confrontar e convencer o descrente, e isso seria tão bom para ele!" Esses críticos perdem de vista o fato de que, em primeiro lugar, nenhum daqueles que sabem qualquer coisa tem o mínimo desejo de confrontar ou convencer descrentes, ou se importa de qualquer maneira com a atitude do descrente; e, em segundo lugar, não compreendem como é muito melhor para esse descrente que ele, gradualmente, obtenha uma apreciação intelectual dos fatos da natureza do que os conheça de repente, como que com uma pancada que o abata. Mas esse assunto foi tratado plenamente há muitos anos em *O Mundo Oculto*, do sr. Sinnett, e é desnecessário repetir os argumentos que ali se empregaram.

É muito difícil a alguns dos nossos amigos compreender que a curiosidade ociosa e as conversas de senhoras vizinhas, que enchem plenamente as vidas da descerebrada maioria dos homens, já não podem ter lugar na vida mais real do discípulo; e, por isso, às vezes perguntam se, mesmo sem querer ver, não pode acontecer ao clarividente observar casualmente algum segredo que outro indivíduo quisesse guardar, exatamente como o nosso olhar pode cair casualmente sobre uma frase em uma carta de outra pessoa que esteja sobre a mesa. Está claro que isso pode acontecer; mas isso, que importa? O homem de honra desviaria imediatamente os olhos, num caso como noutro, e seria como se não tivesse visto nada. Se quem faz essas objeções compreendesse que nenhum discípulo se importa com a vida das outras pessoas, exceto quando lhe compete auxiliá-las, e que tem muitíssimo trabalho seu a que dar atenção, não estaria tão espantosamente longe de compreender os fatos da vida mais ampla do clarividente instruído.

Mesmo do pouco que disse a respeito das restrições impostas ao discípulo, concluir-se-á que, muitas vezes, ele saberá muito mais do que se sinta com liberdade para dizer. Isto, é claro, é verdade, ainda que em sentido muito mais vasto, a respeito dos próprios grandes Mestres da Sabedoria, e é por isso que aqueles que têm o privilégio de ocasionalmente estar em sua presença dão tanta atenção às suas mínimas palavras, mesmo em assuntos inteiramente fora do que eles diretamente ensinam. Porque a opinião de um Mestre, ou mesmo de um de seus discípulos superiores, sobre qualquer assunto, é a de um homem cujas oportunidades de acertar estão inteiramente fora de proporção com as nossas. A sua posição e as suas faculdades alargadas são na realidade a herança de toda a humanidade, e, por longe que estejamos ainda desses grandes poderes, nem por isso é menos certo que um dia eles serão nossos.

E que diferente será este velho mundo quando toda a humanidade possuir a clarividência superior! Refleti na diferença que fará para a história quando todos puderem ler os registros; para a ciência, quando todos os processos, a respeito dos quais os homens hoje teorizam, puderem ser vistos em operação; para a medicina, quando o médico e o paciente puderem ambos ver, com clareza e justiça, tudo o que se está fazendo; para a filosofia, quando já não for possível qualquer discussão quanto à sua base, porque todos podem ver um mais largo aspecto da verdade; para o trabalho, quando todo o trabalho será uma alegria, porque cada indivíduo só terá de fazer aquilo que melhor possa fazer; para a educação, quando os espíritos e os corações das crianças estiverem patentes ao professor que está tentando dar formação a seus caracteres; para a religião, quando já não houver possibilidade de discussão sobre os seus dogmas fundamentais, visto que a verdade a respeito dos estados depois da morte e da Grande Lei que rege o mundo estará aberta aos olhos de todos.

E, acima de tudo, quão mais fácil não será aos homens evoluídos desse tempo auxiliarem-se uns aos outros, em condições tão mais livres! As possibilidades que se abrem ante os nossos olhos são como visões gloriosas que de todos os lados nos cerquem, de modo que a nossa sétima volta deve, na verdade, ser uma verdadeira idade de ouro. Bem é para nós que essas grandes faculdades não serão possuídas pela humanidade inteira senão quando ela tiver evoluído até um nível muito superior de moralidade, assim como de sabedoria; se assim não fosse, iríamos apenas repetir, em condições muito piores, a terrível derrocada da grande civilização da Atlântida, cujos membros não compreenderam que o aumento do poder implicava aumento da responsabilidade. Contudo, nós próprios estivemos, na grande maioria, entre esses homens; oxalá que tenhamos aprendido alguma coisa com essa derrocada, e que, quando as possibilidades da vida maior se abrirem diante de nós, possamos, desta vez, portar-nos mais nobremente.

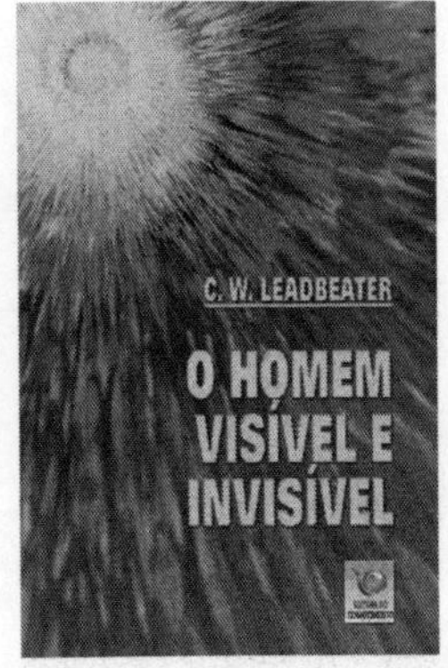

O Homem Visível e Invisível

C. W. Leadbeater

ISBN 978-85-7618-174-3
14x21cm – 128 p.

Desde a mais remota antiguidade, foi ensinado pelos instrutores da humanidade que o homem possui outros veículos de consciência que vão além dos corpos físicos. Contudo, a excepcional faculdade de clarividência e o vasto conhecimento do estudioso inglês C.W. Leadbeater nos permitiram ter acesso a um dos mais completos estudos – senão o melhor – , sobre os corpos invisíveis do homem, sua aparência, sua constituição, bem como as modificações neles processadas no decurso da evolução humana.

Mesmo autor de ***Formas de Pensamento***, Leadbeater alicerça este estudo descrevendo os diversos planos da existência e sua correlação com os corpos do homem. Analisa de forma lúcida a visão clarividente; mostra como se efetua o magno processo da criação, as três emanações divinas e o surgimento e a evolução do espírito humano. Acrescenta ainda um extraordinário capítulo sobre as almas-grupo dos animais, descrevendo tão magistralmente o seu processo de individualização que nem mesmo aos leitores iniciantes restará qualquer dúvida.

Valendo-se de suas ricas observações obtidas pela visão mais elevada, Leadbeater descreve os veículos internos do homem e os efeitos neles causados pelas mais diversas emoções, analisando o significado das cores impressas na aura da saúde. Com clareza e precisão didática, detalha como se apresentam à visão clarividente os corpos do homem primitivo, do homem comum, do evoluído e do iniciado – a tudo ilustrando com imagens coloridas altamente instrutivas.

O Homem Visível e Invisível é uma daquelas obras fundamentais, indispensáveis a todos os interessados pelo lado oculto da vida e da constituição interna do homem, por sua riqueza de informações e valiosas imagens que servirão para amplo estudo.

A Clarividência
foi confeccionado em impressão digital, em maio de 2025
Conhecimento Editorial Ltda
(19) 3451-5440 — conhecimento@edconhecimento.com.br
Impresso em Luxcream 80g – StoraEnso